U0894704

本书得到以下项目资助与支持：

- 湖南省“旅游管理”一流专业建设成果
- 湖南省“旅游管理”一流学科培育成果
- 吉首大学“旅游管理‘十三五’综合改革试点专业”成果
- 湖南省自然与文化遗产研究基地成果
- 湖南省西部经济研究基地成果
- 湖南省民族经济研究基地成果

乡村旅游研究丛书

张家界旅游客源市场研究

ZHANGJIAJIE
LVYOU KEYUAN SHICHANG YANJIU

尹华光 邱久杰 李佳晶◎著

中国财经出版传媒集团

经济科学出版社
Economic Science Press

图书在版编目（CIP）数据

张家界旅游客源市场研究/尹华光，邱久杰，李佳晶著．—北京：经济科学出版社，2020.2
（乡村旅游研究丛书）
ISBN 978 -7 -5218 -1338 -8

Ⅰ．①张…　Ⅱ．①尹…　②邱…　③李…　Ⅲ．①旅游客源 -客源市场 -研究 -张家界市　Ⅳ．①F592.764.3

中国版本图书馆 CIP 数据核字（2020）第 027892 号

责任编辑：范　莹
责任校对：郑淑艳
责任印制：李　鹏

张家界旅游客源市场研究
尹华光　邱久杰　李佳晶　著
经济科学出版社出版、发行　新华书店经销
社址：北京市海淀区阜成路甲 28 号　邮编：100142
总编部电话：010 -88191217　发行部电话：010 -88191522
网址：www.esp.com.cn
电子邮箱：esp@esp.com.cn
天猫网店：经济科学出版社旗舰店
网址：http://jjkxcbs.tmall.com
北京季蜂印刷有限公司印装
710×1000　16 开　9 印张　200000 字
2020 年 2 月第 1 版　2020 年 2 月第 1 次印刷
ISBN 978 -7 -5218 -1338 -8　定价：40.00 元
（图书出现印装问题，本社负责调换。电话：010 -88191510）

“乡村旅游研究”丛书编委会

向昌国　吉首大学生态旅游省级重点实验室主任、教授
粟　娟　吉首大学旅游与管理工程学院工会主席、教授
丁建军　吉首大学商学院副院长、教授
李　琼　吉首大学湖南省院士专家工作站站长、教授
姚小云　吉首大学旅游与管理工程学院旅游管理系主任、副教授
李小玉　吉首大学旅游与管理工程学院酒店管理系主任、副教授
田开俊　吉首大学旅游与管理工程学院人力资源管理系主任
戴志强　吉首大学旅游与管理工程学院电子商务系主任

主编

张建永　吉首大学原正校级督导、吉首大学中国乡村旅游研究院院长、教授

尹华光　吉首大学旅游与管理工程学院院长、吉首大学中国乡村旅游研究院副院长、教授

执行主编

鲁明勇　吉首大学旅游与管理工程学院副院长、吉首大学中国乡村旅游研究院常务副院长、教授

副主编

董坚峰　吉首大学旅游与管理工程学院副院长、副教授
田金霞　吉首大学旅游与管理工程学院副院长、教授
张琰飞　吉首大学商学院副院长、副教授

蔡建刚　吉首大学旅游与管理工程学院院长助理、吉首大学中国乡村旅游研究院院长助理

李付坤　吉首大学民族经济研究所所长、吉首大学中国乡村旅游研究院院长助理

责任单位

吉首大学中国乡村旅游研究院
吉首大学旅游与管理工程学院

总　序

一、乡村旅游是时代赋予我们的全新而又重要的研究课题

中国迈进全面小康社会指日可待，旅游已经成为人民日益增长的美好生活需要的重要组成部分，特别是大众化、个性化、高品质旅游，成为小康社会的重要标志。中国人均出游次数连年增长，2017 年已达 3.7 次，每年有近 50 亿人次的巨量旅游市场。旅游业位列“五大幸福产业”之首，成为传承中华文化、提升国民素质、促进社会进步的重要载体，成为生态文明建设的重要推力，带动大量贫困人口脱贫致富，绿水青山正通过发展旅游转化为“金山银山”。但由于发展的不平衡不充分，中国的旅游业尚处于粗放型旅游向集约型旅游发展、高速旅游增长向优质旅游发展。从城市、“飞地”景区、乡村旅游的三元空间结构来看，中国城市的环境、心理承载力已近极限，雾霾、拥挤、生存竞争与焦虑对城市旅游提出了巨大挑战；名山大川、文化古迹、历史名镇等“飞地”型旅游景区，经过多年发展，可供开发资源接近枯竭，人满为患，旅游投资与消费的空间越来越窄；再看中国乡村旅游，在改革开放初期就有倡导，但一直不愠不火，城市化进程初期，乡村是被抛弃、被逃离之地，直到今天，城市人开始梦“乡愁”，对“飞地”型旅游景区的拥挤喧闹不再热情，乡村的价值终于显现，乡村旅游迎来大发展的春天。

当前，我们从不同角度观察会发现，乡村旅游为中国经济社会转型升级过程中各种问题的解决提供了一个良好路径。例如，旅游空间拓展问题，当“飞地”型旅游景区资源枯竭时，我们向乡村拓展旅游空间，全域旅游基地建设选择大部分是乡村；城市旅游客源输出的问题，当“飞地”型旅游景区人满为患时，人们选择避开热门景区，去乡村旅游；资本市场的投资问题，当城市地价和房地产市场政府管控越来越严时，我们看到许

多资本以乡村旅游项目的名义签约拿地、抢夺乡村旅游资源；供给侧改革问题，政府引导，企业运作，充分发挥创新创造的智慧，开发出门类繁多的旅游新业态、旅游新供给，满足乡村旅游需要；贫困村的脱贫致富问题，只要在生态或文化上稍有特色，就会规划开发乡村旅游；规划发展农村综合经营、农业产业园区、美丽乡村、农村电商等建设问题，就会提出“旅游+”或“+旅游”实现融合发展。但是，今天中国的乡村旅游已经与十年前甚至五年前的那种“农家乐”“城郊游”等不可同日而语，与国外乡村旅游也有很多差异，凸显出乡村旅游的中国特色。例如，中国倡导和推进的“一带一路”倡议，形成鲜明的国际国内旅游线路一体化特色，给沿线的乡村带来机遇；中国乡村旅游精准扶贫的全部门推动特色；“互联网+”、大数据、人工智能、云技术助推乡村旅游的“后发优势”特色；以高速交通连接形成的立体交通网络系统，加快了旅游城乡融合一体化发展的进程。这些新战略、新形势、新技术、新变化为发展乡村旅游带来了前所未有的契机。

面对转型时代的新问题新特色，2017年12月16日，湖南省旅游发展委员会陈献春主任在吉首大学中国乡村旅游研究院成立大会上指出，乡村旅游发展问题特别需要产学研联合起来进行研究。实施科教兴旅游、人才强旅游战略，加强旅游人才规划和旅游学科建设，建立一支专业化的乡村旅游人才队伍，为乡村旅游发展增强后劲；如何把握乡村旅游大趋势带来的挑战问题，以游客在城乡全域空间流动创造新价值为推动力，是把“绿水青山”变为“金山银山”的过程，这让乡村旅游与工业化一样，成为推动经济社会发展的一种重要方式。例如新时代呼唤乡村旅游创客，如何以文化创意促进乡村振兴，充分发挥文化创意在乡村旅游转型升级中的引领作用，突出围绕乡村旅游各要素特别是特色住宿、餐饮、购物、娱乐等短板，保护生态，植入文化、创新业态，挖掘富有创意和魅力的文创产品，不断增加农业公园、共享农庄、特色小镇和田园综合体等乡村旅游新产品供给。又如，旅游业是一个最早开放的行业，乡村旅游的国际交流合作和培养国际化人才都需要深入研究。还有实施乡村旅游精彩扶贫工程，开展“景区带村”旅游扶贫，提高乡村旅游目的地社会治理能力，等等，这一系列重大问题都值得深入研究。

二、乡村旅游研究是吉首大学发挥地方资源优势，彰显办学特色，形成学术竞争力的研究领域，也是学校服务地方发展，助推乡村振兴的历史使命

吉首大学开办在武陵山集中连片特困区的湖南大湘西，这里远离大城市，是典型的老、少、边、穷山区。在60年的办学历程中，吉首大学生于贫瘠，长于艰难，立于创新，成于奋斗，始终坚持“立足大湘西，辐射大边区，服务富民强省”宗旨，本着“清华北大要解决的是卫星上天的问题，吉首大学要解决的是贫困边区老百姓脱贫致富问题”的朴素认识，彰显服务民族贫困地区扶贫与发展的特殊价值。湖南武陵山区自然风光优美、生态环境良好、历史文化厚重、民族风情浓郁，是中国“绿色生态优质区、自然物种密集区、历史文化沉淀区、山水风光富集区”，拥有大量具有唯一性、独特性、创新性和创意性的旅游资源，张家界、芙蓉镇、凤凰古城已成为旅游知名品牌。如何进一步将旅游资源优势转化为产业优势，脱贫致富，一直是吉首大学科学研究的重点领域，是人才培养和服务地方建设的主攻方向。

吉首大学有研究乡村旅游的自信。一是有乡村地域优势。谈政治，在北京；说金融，去上海；扯电商，进杭州；若讲乡村旅游，不必到纽约、中国香港，更不在北京、上海，应该在湘西，在湘西的乡村。大武陵、大湘西，不仅拥有驰名中外的张家界这样的顶级风景，还拥有驰名中外的沈从文这样的乡土文学家，这里是最记得住乡愁的地方，是最值得回望的永远故乡。吉首大学研究乡村旅游有文化根基，有天然沃土。二是有旅游研究实力支撑。《旅游学刊》2017年第12期发表了中国旅游研究院旅游学术评价研究基地首席科学家张凌云教授的《2003–2016年我国旅游学术共同体学术评价》一文，文章用13年的大数据（2003~2016年收录在中文核心期刊数据库、CSSCI数据库和CSCD数据库中的22619篇旅游学术论文为全样本），对全国935种学术刊物、18773名作者和所属的3899家机构进行多维度学术评价和排名，吉首大学旅游综合研究实力全国排名第13位、湖南省排第1位；论文发表全国排名第24位、湖南省排第1位。这是学校在精准研究领域，长期深耕地方旅游特色优势资源，从而形成学术竞争实力的结果。武陵山区缺乏工业强力支撑，也没有规模城市，唯有

秀美山水、纯净空气、淳朴山民的乡村，吉首大学就是要讲乡村故事，讲旅游故事，做透做足乡村旅游研究，这是我们独占的、应有的、容易形成优势的学术领域。

中国共产党十九大提出实施乡村振兴战略，预示着乡村旅游将迎来新一轮大发展的战略机遇期。在这样的大背景下，吉首大学以只争朝夕、时不我待的精神状态拥抱新时代，抢抓机遇。在 2017 年 12 月，成立了中国乡村旅游研究院，是学校贯彻落实党的十九大精神，实施乡村振兴战略，加快培育乡村旅游人才，推动乡村旅游发展的重要举措。现在推出的这套“乡村旅游研究丛书”就是通过乡村旅游研究院这个平台，整合全校旅游研究资源，合力攻关，探讨乡村旅游发展面临的一些新情况、新问题，进一步提升学校旅游研究竞争力的大行动。我们将以大湘西为立足点，梳理乡村旅游的湖南案例，认真总结，精心提炼，深入研究，出好成果，将好经验、好模式向省内推广，向全国推广，提供中国乡村旅游发展的湖南模式、湖南经验、湖南贡献，唱响中国乡村旅游研究的湖南声音。

三、乡村旅游研究是吉首大学旅游管理学院立足张家界办学优势，打造旅游管理专业硕士（MTA）特色教学案例库的重要来源，是打造省内外知名品牌旅游学院的突破方向，以孵化出高质量、有影响力的旅游学术研究、教育教学和人才培养的系列成果

传统旅游高等教育人才培育难以适应当前旅游飞速发展的需求，这是全国旅游管理类院校普遍存在的问题，成为困扰当前旅游高等教育的重大危机。严峻形势，逼迫我们深入思考，寻求对策，激发作为。

从大趋势看，旅游业提质大升级呼唤旅游人才培育大改革。在“一带一路”“精准扶贫”“旅游强国三步走”国家规划背景下，受“互联网 +”、大数据、人工智能技术助推，旅游需求侧、供给侧和供需关系都产生了根本性、颠覆性的变化，旅游传统业态快速转型升级，新业态不断涌现。当前旅游教育体系，还是为传统业态服务建立起来的，当然无法适应和满足旅游发展新需要。教育体系建设是复杂系统工程，观念转变、师资建设和教学硬件，非朝夕之功，非一蹴而就。

从微环境看，办学立足点张家界旅游格局发生了重大变化。吉首大学之所以把旅游学院办在张家界市，是依托其世界旅游品牌。目前张家界旅游业格局发生了根本性变化：一是战略新地位。湖南省委已确立张家界为全省“锦绣潇湘”全域旅游龙头，在全省旅游战略的地位更加突出。二是空间新格局。张家界由以前的国家森林公园一家独大，演化成国家森林公园、天门山和大峡谷三足鼎立，体量越来越大，向广大乡村扩散为全域旅游是必然趋势。三是发展新思路。张家界提出了“对标提质、旅游强市”，成为新一轮发展总纲。四是旅游新业态。民宿客栈业、乡村旅游、田园综合体、“互联网 +”旅游、房车营地、城市旅游商圈建设、旅游在线营销等正在重构张家界旅游业。

面对宏观发展大趋势和张家界微观环境新变化，我们不能消极等待，必须密切关注，适应变化，转变观念，顺势而为。一是要按全域旅游重构旅游教育观。就是按全域景观、全域服务、全域治理、全域产业、全民共享等新理念，重构旅游科学研究、教材编写、教学大纲、课堂教学、招生考试、职业培训、实践实习、就业创业等人才培养新体系。2017 年初，吉首大学原正校级督导张建永教授带领学校旅游研究骨干鲁明勇、张琰飞、蔡建刚、姚小云、周波、李付坤等老师，参与了国家旅游局局长李金早主编的《当代旅游学》教材，目的就是参与到全域旅游顶层新理念重构当代旅游学的研究中，转变观念，开拓思路。二是以“旅游 +”导向重构课程教学体系。全面适应传统旅游业态转型升级和新业态管理，开发“旅游 + 科技”“旅游 + 农业”“旅游 + 城镇建设”“旅游 + 扶贫”等新内容新课程。三是以实际问题导向重构旅游社会服务体系。将旅游发展过程中政府、企业、社会组织所关注的热点、焦点、难点问题，直接导入科研教学服务地方建设体系，避免教学与实践脱节。四是加快推进旅游教育国际化。紧跟张家界旅游国际化步伐，加快实施旅游教育国际交流交往项目，彻底改变闷在大山里办旅游教育的局面。五是苦练内功，狠抓“四大一专两率”。“四大”是积极导入大师讲学，聘请行业顶级精英、国家教育教学名师、省级名师等担任导师；强力争取国家级课题和省级重点项目等大课题立项；孵化大成果，推动出版“乡村旅游研究丛书”和“MTA 特色案例丛书”；力争学生奖励、教师奖励大突破。“一专”是全力创办 MTA，办成具有核心竞争力的品牌。“两率”是狠抓硕升博率、就业率，形成旅游人才培养标志性的核心竞争力。

根据全力创办 MTA 的工作思路，2017 年，学院抓住机遇，在现有旅游管理、生态旅游学两种科学学位硕士点的基础上，整合资源、迎难而上，成功申报了旅游管理专业硕士（master of tourism administration，MTA），将于2019年开始正式招生。MTA是2010年9月国务院学位委员会设立的旅游管理专业学位硕士的简称，目标是培养具有社会责任感和旅游职业精神，掌握旅游管理基础理论、知识和技能，具备国际化视野和战略思维能力，敢于挑战现代旅游业跨国发展的高级应用型旅游管理人才。MTA的教育有别于科学硕士的教育，十分强调学生的实际应用和解决现实问题的能力，注重案例教学，这就需要组织编写符合地方实际和行业实际的案例教材，促进MTA本土化教学。我们的MTA拟设了生态文化旅游管理、旅游规划、旅游企业管理等方向课程，乡村旅游是几个方向共同关注的焦点，是串联研究方向的桥梁，理所当然地成为重要的突破口。

由此，我们以MAT教育教学为指针，以吉首大学中国乡村旅游研究院为平台，整合全校旅游研究力量，组建专家团队，在湖南省旅游发展委员会、张家界市人民政府、湘西自治州人民政府的指导下，在张家界市旅游和外事侨务委员会、湘西自治州旅游港澳外事侨务局的帮助下，在湖南雪峰山生态文化旅游有限责任公司的大力支持下，推出一套具有国际视野、富有行业特色、符合地方实际的“乡村旅游研究丛书”，倾力打造适应MTA教育与教学的系列前沿学术专著，形成“MTA特色案例丛书”，每年按选题计划推进，3~5年就可形成蔚为可观的系列成果。一方面，为中国乡村旅游政策的制定、乡村旅游规划的编制、乡村旅游理论的创新等提供智力支撑，努力将中国乡村旅游研究院打造成具有较强决策服务功能和较大社会影响力的高端智库。另一方面，紧跟当前旅游业转型升级大势，解决MTA案例教学之需。同时，通过这些目标成果任务，倒逼学院教学科研团队努力拼搏，提升科学研究、人才培养、服务地方的能力。

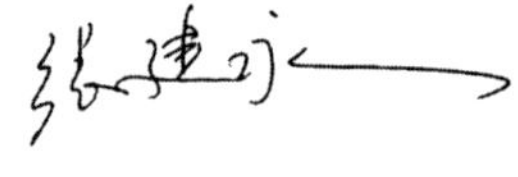

2018年1月27日

序　言

张家界的旅游资源丰富、独特，为旅游业的发展提供了基础条件，在国内外旅游业蓬勃发展的背景下实现了快速健康发展，取得了丰硕成果，摘取了中国第一个国家森林公园、中国第一批世界自然遗产、中国第一批世界地质公园、中国优秀旅游城市、中国第一批国家5A级旅游区等多顶桂冠，2018年游客总量突破8000万人次，成为全国旅游城市发展的奇迹和范本。但与此同时，无论是入境旅游客源市场还是国内旅游客源市场都存在着一些发展困境，如入境旅游存在着旅游客源市场发展相对缓慢且结构不合理等问题；国内旅游也存在着客源市场分布广泛，但分布不平衡等问题。这些问题的存在限制了张家界旅游产业结构的改善和旅游业的持续稳定发展，影响了张家界实现旅游业提质升级的发展进程，影响了张家界打造成为国内外知名旅游胜地目标的实现。

研究张家界市入境旅游客源市场和国内旅游客源市场的特点，找出张家界市入境和国内旅游客源市场的时空分异规律，分析张家界市旅游客源市场存在的问题，提出针对性的解决问题的措施，有利于实现张家界旅游客源市场的提质升级，有利于张家界旅游客源市场的健康、持续、快速发展。

笔者根据1989～2016年武陵源风景名胜管理局的统计数据，通过聚类分析和竞争态势分析可知，张家界核心景区武陵源的国内客源市场格局中，湖南省、广东省为一级；浙江省、北京市、上海市、江苏省为二级；河南省、山东省、陕西省、湖北省为三级；其余省份为四级。造成这一格局的原因是多方面的：一是受景区独特的地貌的影响。武陵源独特的石英砂岩峰林属国内外罕见，2010年这种独特的地貌也被命名为“张家界地貌”，由于这种地貌科学内涵丰富，自然生态和美学观赏价值高，武陵源核心景区也就成为重要的地质、地理科普教育基地和绝佳的自然游览休闲胜地，这种独特的地貌成为吸引全国游客来景区旅游的基础，也因此，景区的客源遍布国内大多数省份，甚至距离景区较远的西藏、新疆都有游客前来游览。二是受景区与客源市场两者之间距离的影响。根据王家骏（1997）、吴必虎（1999）的研究成果：旅游者的可达机会随距离增加而急速衰减。武陵源景区的一级、二级、三级、四级客源市场的分布基本上符合距离衰减的规律。具体来看，湖南省、广东省为一级客源市场，景区位于湖南省张家界市，加上张家界属于湖南省重要的旅游城市，因此景区对湖南省的吸引力是最大的；广东省由于与湖南省毗邻，景区对广东省还是有一定吸引力的。二级和三级客源市场集中在华北地区和华东地区，与处在华中地区的景区，同样也受到距离衰减规律的影响。三是受客源地经济发展等因素的影响。一般来说，经济越发达的地区，旅游需求越大，距离因素的影响会受到旅游目的地旅游资源的特性的影响。经过分析发现，景区的一二三级客源市场基本上包含了北京市、上海市、广东省等一线城市，也包含了江苏省、浙江省、山东省等二线主要城市，这些省份的经济发展速度较快，游客出游意愿强烈，人均消费能力强，且较多考虑到旅游目的地的资源禀赋的独特性和观赏价值。四是受景区的旅游宣传和旅游营销的影响。新媒体的时代，“酒香也会怕巷子深”，景区高度重视宣传和营销工作，科学研判客源市场，精准进行客源地营销，通过政策吸引、活动带动、品牌推广等，吸收精点子、做好精案子、打好精牌子，在营销方式上突出“不一样的张家界”，集中张家界的形象宣传，特色产品宣传，主体活动宣传，实现了旅游市场的强劲发展，形成了独特的张家界旅游营销模式。

针对上述四级客源市场的特点，笔者提出了不同的市场拓展策略。对于一级市场湖南省和广东省的策略是继续扩大知名度和影响力，提高景区的服务质量，注意口碑效应的树立和推荐意愿、重游意愿、重游率的提高。对于浙江省、北京市、上海市、江苏省、河南省、山东省、陕西省、湖北省等二级和三级客源市场，景区要开展有针对性的营销策略，做好宣传和促销工作，利用景区独特的石英砂岩峰林地貌作为营销主题，提高景区在这些市场的知名度和吸引力。对于西北、东北、西南地区等四级机会市场的策略是景区要着重加强基础设施建设，特别是航空、高铁等交通设施建设，缩小距离因素对旅游的影响。交通，对于张家界旅游来说，是一个“瓶颈”，是张家界旅游发展面临的问题，虽然经过多年的发展，张家界的交通早已改头换面，今非昔比。但目前，还存在着张家界的火车开通的线路有限、飞机航线航班不够等众多难题，要按照“整体、整合、整理”的思路，以交通一体化、城市圈同城化、出行多样化、机动化、基本服务均等化为发展方向，构建安全、舒适、快捷的综合交通体系，建立起旅游交通枢纽体系。为景区旅游发展的可持续发展和旅游客源市场的扩大提供支撑与保障。

对于国际客源市场，笔者主要采用亲景度理论。通过综合分析可以看出 1989 ~ 2015 年张家界市主要客源市场亲景度呈现以下总体特征：

中国台湾市场和韩国市场属于高位震荡变化市场。中国台湾的亲景度值最小为 0. 243 （2005 年），最大值为 1999 年的 48. 779，亲景度差距较大。韩国客源市场的亲景度在 1989 ~ 1997 年一直为 0，表明韩国在这一期间不是张家界市的客源国，到 1998 年韩国的亲景度大幅度提升，从 2001 年开始一直是亲景度最大的国家。

日本和欧美属于中位波动变化市场。日本亲景度最大值 3. 681 （1998 年），最小值 0. 033 （2013 年），亲景度相对于中国台湾市场和韩国市场来讲处于中位水平。欧美亲景度最小值 0. 043 （2004 年），最大值为 3. 317 （1994 年）。在 1989 ~ 2015 年期间，日本和欧美市场的亲景度呈现中位波动变化。

中国港澳市场和欧美市场属于低位平稳变化。中国港澳市场的亲景度变化很小，大部分年份的亲景度都小于 1，最小值为 0. 003 （2003 年和 2005 年两年亲景度相同），最大值为 1. 558 （1993 年）。欧美客源市场的亲景度的最低值为 0. 003 （2004 年），1990 年最大值为 0. 878。中国港澳市场和欧美市场的亲景度呈现低位平稳变化。

针对上述三类不同国际市场，笔者提出了不同的拓展策略。

一是高位震荡的中国台湾市场和韩国市场。中国台湾市场、韩国市场的亲景度属于六大市场中较高的。中国台湾市场的亲景度虽然一直在变化，但基本上属于亲景客源市场，说明张家界对中国台湾市场是具有吸引力的。而韩国的亲景度变化更为明显，从 1998 开始韩国市场的亲景度一度攀高，成为张家界市亲景度最高的市场，在张家界市入境旅游市场中处于十分重要地位。

张家界市旅游今后的发展过程中，对中国台湾市场、韩国市场需要采取不同措施来实现客源市场的提质升级。中国台湾与中国大陆隔海相望，开发台湾市场具有地理优势，根据中国台湾来张家界的旅游人次及亲景度的分析，可以看出中国台湾正成为张家界高端休闲度假旅游主力客源市场。对中国台湾市场的提质升级的措施在于巩固现有合作和交流的基础，继续扩大影响。目前张家界对台湾地区已经进行的合作，都取得了不错反响，直接表现为台湾地区游客来张家界旅游人数的增加。如张家界国家森林公园与台湾地区垦丁公园结为“姊妹公园”，“张家界导游万里行”文化交流团赴台湾地区推介了张家界地貌与悠久的民族文化等。张家界市应继续举办活动，促进双方交流，加强合作。另外受张家界到台湾地区直航取消的影响，台湾地区客人经长沙、武汉等地中转进入张家界的游览行程无论从体验感觉还是消费上都打了折扣。因此张家界到台湾地区直航应该尽快恢复，保障旅游通道的畅通。

韩国市场，开发新的旅游产品和旅游线路。大多数韩国游客的家庭观念很强，对孝道文化的提倡和对山水文化的喜爱使得韩国客人成为张家界入境旅游的组成部分，但根据旅游产品生命周期来看，针对韩国客人的相关旅游产品已经由成熟期向衰退期过渡，基于此应该考虑到不同家庭结构的个性化旅游产品，提供多样式选择，满足不同家庭的需求。同时不断提升服务质量，倡导多提供特色服务、细节服务、个性化服务和超值服务，并对此制定相应的奖励制度，从而提高韩国客人的重游率。

二是中位波动的日本市场和东南亚市场。日本是一个高度发达的资本主义国家。对于日本市场的提质升级要做到开展有针对性的营销。日本的亲景度一直受中日的关系的影响，在国家政策的基础上，张家界市旅游局以与日本鸣门市缔结了友城关系为契机，进一步加强与日本国家旅游局、旅游协会的交流，大力宣传张家界。除了继续宣传张家界举世闻名的自然风光之外，还应把张家界少数民族本土特色以及人文风情宣传出去。根据旅游产品生命周期来看，针对日本游客研发的旅游产品正处于成长期过渡到成熟期，加上日本是一个发达国家，消费能力较高，日本市场潜力很大。

2011 年泰国成为张家界第二大旅游客源输入国，这与武陵源相关部门远赴“新马泰”进行推介等行为有密切关系。因此对东南亚市场的提质升级的措施是加大交通联系和扩大交流。在交通方便，加大政府资金的投入，开通多条航线。与东南亚旅游组织和机构，定制合作计划，交换旅游信息。例如 2017 年张家界与泰国春武里府建立紧密的旅游经贸文化合作关系，与“东方夏威夷”芭堤雅缔结友好城市，这对张家界实施“对标提质，旅游强市”战略，加快旅游国际化进程，在“锦绣潇湘”全域旅游基地建设中发挥龙头作用，具有重要意义。

三是低位平稳的中国港澳市场和欧美市场。中国港澳市场的亲景度最大值为 1.558，处于弱亲景客源市场、疏景客源市场占据多数。欧美客源市场经历了弱疏景客源市场与强疏景客源市场的转变，但总结起来一直处于疏景客源市场，这两个市场属于需要进一步开发的机会市场。尤其是欧美市场，经济发达，人均消费能力强更是需要开发的重心市场。根据旅游产品生命周期来看，针对中国港澳、欧美游客研发的旅游产品正处于导入期，市场潜力很大，需要做更多的宣传营销工作。

针对中国港澳市场，要着重开展境外交流和城市推介工作。港澳地区与张家界市地理位置相近，但风俗习惯有很大的不同，要积极组织从业人员学习了解港澳游客心理及其风俗习惯，并熟悉张家界市概况，熟悉土家族、白族历史及风土人情、民间工艺等。旅游从业人员在服务好港澳游客的同时，要时刻做好张家界市旅游品牌宣传推广工作。同时与湖南省外侨办加强联系，利用外事活动争取更多高规格人员组团来张家界，为张家界开展对外宣传营销打好基础。

针对欧美市场，要注重旅游品牌的树立。张家界市应长远考虑到针对客源的区域旅游的网络开发以及不同形式、不同层次的旅游景区协作，打造特色旅游品牌。根据现代旅游市场需求，张家界可以结合长株潭、大湘西、大湘南的不同旅游功能，提升现有的旅游线路质量，开创新颖的精品旅游线路，联合打造“湖南奇山秀水、伟人故居、别样风情”旅游品牌，形成一条龙的旅游模式。这样一来，一方面，可以借助发达地区的交通优势提供旅游方便，为张家界输入更多的游客；另一方面，联合打造的特色旅游品牌可以优势互补，提高知名度，满足不同人群的需求，实现张家界客源市场的快速、健康、可持续发展。

本书由尹华光总纂并撰写第一章和第二章；由邱久杰撰写第三章、第四章和第五章；由李佳晶撰写第六章和第七章。全书结构清晰、逻辑严谨、论证严密、语言流畅，具有较高的学术价值。

田卫民

2019 年 3 月 18 日

（田卫民教授为教育部旅游管理类专业教学指导委员会主任，现任云南大学工商管理与旅游管理学院二级教授、博士生导师）

CONTENTS 目录

第一章 绪 论

第一节 研究背景

一、 国际背景

随着经济全球化的发展，当今世界已经进入了大众旅游的时代，旅游业是超过石油、汽车、钢铁等传统产业的全球最大行业，在发展过程中虽然受到很多挑战和无法确定因素的影响，但旅游业却一直是保持着速度增长最快的产业之一，也因其独特的产业优势被称为“无烟产业”和“永远的朝阳产业”。发展旅游业所产生的经济效益、社会效益、环境效益、就业效益等众多效益使得发展旅游业的作用和重要性越发凸显出来，世界各国家都在高度重视自身旅游业的发展，在此背景下，各国的旅游业呈现蓬勃发展的势头，与此相对应的，全球旅游业的竞争也越来越激烈。旅游客源是旅游业赖以生存和发展的前提，从这个角度，在世界旅游市场中抢夺客源对一个旅游城市来说尤为重要。张家界把打造国际旅游大都市、国际旅游精品城市作为自身发展旅游业的目标之一，要以旅游客源市场的保持与扩大作为基础。研究张家界入境旅游客源市场的时空分异规律，从而提出入境旅游客源市场提质升级的相关措施，有利于张家界市打造成为国际旅游大都市和旅游精品城市。

二、 国内背景

改革开放以来，中国的旅游业也走过了 30 多年的发展历程，呈现出跨越式的发展局面，取得了举世瞩目的成就。中国旅游业已步入全新时代，中国国内旅游人次、出境旅游人次、国内旅游消费、境外旅游消费、创造的就业岗位数均列世界第一。

世界旅游组织的数据显示：2015 年中国全年接待国内游客 40 亿人次，旅游总收入 34195 亿元，同比分别增长 10.5% 和 13.1%，世界最大的国内旅游市场地位更加稳固。中国的入境旅游市场份额日益增长，进入 21 世纪以来高居前列，至 2015 年，中国旅游市场份额仅次于法国、美国、西班牙，达 5689 万人次，成为世界第四大入境接待国，旅游国际收入 1137 亿美元，仅次于美国，居世界第二。中国在全球旅游竞争力中的排名从 2007 年的第 71 名持续提升，至 2015 年已达第 17 名，成为世界旅游格局中重要的力量。中国旅游业的迅猛发展带动了各省旅游业的飞速发展。张家界市因旅游建市、因旅游兴市、因旅游强市，是国内外著名旅游城市，研究张家界国内旅游客源市场的时空分异规律，从而提出提质升级的相关措施，有利于促进国内著名旅游城市和知名旅游胜地目标的实现。①

三、张家界市背景

（一）张家界市旅游资源丰富且独特

1982 年张家界森林公园成为中国第一个国家森林公园；1992 年由张家界国家森林公园等三大景区构成的武陵源自然风景区被联合国教科文组织列入《世界遗产名录》；2000 年张家界市被评选为中国优秀旅游城市；2004 年武陵源风景名胜区被列为中国首批世界地质公园；2007 年武陵源风景名胜区被列入中国首批国家 5A 级旅游景区；2010 年国际地貌学家协会将张家界市特征鲜明、规模巨大的独特砂岩地貌类型，确定命名为“张家界地貌”，张家界地貌具有重要的科学价值、科普价值和极高的美学与生态旅游价值，张家界市是全球地貌研究的最佳地区之一；同年，首部 3D 电影《阿凡达》，更是让其中的电影取景地——张家界的美景享誉世界；2015 年张家界大峡谷玻璃桥实行“一字一万、全球征名”，引起一时轰动；2016 年，全透明玻璃桥长度、高度位居世界第一的张家界大峡谷玻璃桥对游客开放吸引了较多游客前来参观游览；

① 中国旅游业持续增长国际地位继续提升［EB/OL］. 央广网，2016 - 11 - 6.

还有“武陵之魂”之称的天门山国家森林公园、“世界罕见的物种基因库”八大公山国家级自然保护区、道教圣地“南武当”五雷山、“百里画廊”茅岩河、贺龙故居等众多旅游景区。张家界市因旅游资源丰富独特，集多项旅游荣誉于一身。除丰富的自然旅游资源外，张家界市的人文旅游资源也非常丰富，在张家界市内，分布着土家族、白族、苗族、回族等少数民族，少数民族总人口达 70 多万人，约占全市总人口的 50%。少数民族中以土家族人口较多，其次是白族、苗族和回族，还有少数的满族、侗族、瑶族等少数民族人口。在民族文化中土家族的哭嫁、赶年、摆手舞；桑植县的民歌等风俗民情为张家界市旅游资源添加了浓厚一笔。

（二）张家界市旅游发展备受重视

1988 年 5 月，国务院批准建立省辖地级大庸市；1989 年 1 月大庸市地级市行政体制正式运转；1994 年 4 月 4 日，国务院批准将大庸市更名为张家界市，因张家界国家森林公园在国内外闻名遐迩。张家界因旅游业建市，是中国最重要的旅游城市之一，是湘鄂渝黔革命根据地的发源地和中心区域，是发展旅游的集中区域。2010 年 11 月，国务院发出《关于同意张家界航空口岸扩大对外国籍飞机开放的批复》。2010 年 12 月，国家旅游局发出《关于支持张家界市开展旅游综合改革试点工作的函》，张家界市成为首批旅游综合改革试点城市。2011 年 5 月，湖南省委、省政府发出《关于支持张家界市开展国家旅游综合改革试点工作的若干意见》。2013 年 7 月，张家界市委、市政府审议并通过了《提质张家界、打造升级版——张家界市加快推进国内外知名旅游胜地建设五年行动计划》。2016 年 2 月，张家界市被确认为首批国家旅游综合改革试点城市。2016 年 4 月，张家界市委、市政府《关于大力扩大旅游消费提升旅游国际化水平的决定（审议稿）》。这些批文为张家界市发展旅游奠定坚实基础，尤其是 2013 年 7 月通过的决议，把“提质张家界、打造升级版”提升到战略高度，为早日实现旅游胜地梦、全面小康梦目标而努力奋斗，由此张家界市旅游发展步入了提质升级的阶段，同时也标志着张家界市迈开了打造全新升级版张家界的步伐。

第二节 研究目的

在入境旅游和国内旅游竞争激烈的现代社会，张家界市的旅游资源丰富且独特，为旅游的发展提供了基础条件，张家界市因旅游建市，因旅游发展，因此，张家界市的旅游业的发展也备受重视，这也为旅游的发展提供了政策支持。张家界市旅游在内外有利的条件下实现了迅速发展，取得了丰硕成果，摘取了中国第一个国家森林公园、中国第一批世界自然遗产、中国第一批世界地质公园、中国优秀旅游城市、中国第一批国家 5A 级旅游区等多顶桂冠。但同时，无论是入境旅游客源市场还是国内旅游客源市场都存在着一些发展困境：入境旅游存在着旅游客源市场发展相对缓慢且结构不合理等问题，国内旅游也存在着客源市场分布广泛，但分布不均匀，提供的旅游产品也较多以传统的观光、游览为主等问题，这些问题限制了张家界旅游收入增长速度和旅游业的持续稳定发展，影响了张家界实现旅游业提质升级的发展进程。

研究张家界市入境旅游客源市场和国内旅游客源市场，找出张家界市入境和国内旅游客源市场时空分异规律，分析张家界市旅游客源市场存在的问题，提出针对性的开拓措施，从而实现张家界市旅游客源市场的提质升级。

从研究张家界市入境和国内旅游客源市场时空分异规律入手，实现提质升级应达到以下目的：第一，旅游客源市场的时空分异规律是一个旅游城市抑或一个旅游景区发展的晴雨表，研究张家界市入境和国内旅游客源市场时空分异规律为政府制定相关政策或企业进行规划开发提供基本依据。第二，经过改革开放 40 多年的发展，中国旅游业已经进入了转型升级的时代，旅游客源市场的提质升级是历史发展的必然，实现旅游市场的提质升级也是满足可持续发展的要求。第三，张家界作为全国第一批旅游综合改革试点城市、全国第一批全域旅游示范区、国内外知名的旅游胜地，研究张家界旅游客源市场的时空演变规律及其对策建议无疑具有很强的实际指导意义和示范借鉴价值。这有利于张家界找准坐标、找到对标，发挥在建设“锦绣潇湘”全域旅游基地中的龙头作用，逐渐成为湖南省的旅游龙头、窗口和名片，湘西旅游经济圈的核心。

第三节 研究意义

一、 理论意义

本书通过对国内外旅游客源市场相关文献的梳理分析，运用地理集中指数、亲景度、市场竞争态势分析、聚类分析等数理模型，多个角度研究张家界国际旅游客源市场和国内客源市场的时空分异规律，然后针对性地提出优化的建议和对策。把国际客源市场和国内客源市场纳入同一系统进行研究，这在一定程度上丰富了旅游客源市场研究视角，由单一的角度向多角度的转变，拓展了旅游客源市场的研究方法，丰富了张家界旅游客源市场的研究成果，对张家界旅游业的发展提供理论支撑。

二、 现实意义

旅游客源是旅游业赖以生存和发展的前提，因此旅游客源市场的大小对一个旅游城市的发展的作用可以说是至关重要的。旅游客源市场广阔带来的相对应带来的就是旅游经济强有力的发展，旅游收入的增长，人们生活水平的提高等众多效益。研究提质升级背景下如何实现张家界市的客源市场的提质升级，提出针对性较强的优化建议与对策，希望能够为湖南省旅游管理部门、张家界旅游管理部门和旅游企业进行科学的决策，制定相关的旅游发展、旅游开发、旅游规划的方针政策，合理开拓旅游客源市场，不断开阔入境旅游客源市场、国内旅游客源市场，促进旅游业繁荣发展，提供一些现实使用的参考和借鉴。

第四节 研究理论基础

一、 亲景度理论

亲景度最早是由马耀峰教授提出的，1999 年在中国入境旅游研究中运用了亲景度理论。亲景度是以定量方法探讨了某一客源地旅游者对某一旅游目的地偏爱程度，具体是指某旅游客源地区在某旅游目的地的市场占有率与该客源地区在全国市场占有率的比值。用公式表示为：

$$P_i = \frac{E_i}{E} \bigg/ \frac{F_i}{F} \tag{1-1}$$

其中，P_i为 i 客源市场亲景度，E_i为旅景 i 客源市场人数，E 为旅景外国人人数，F_i为旅华 i 客源市场人数，F 为旅华外国人人数。亲景度深刻地反映了客源市场结构的变化，一般以 1 为界，大于或等于 1 的客源国为亲景客源国；小于 1 的为疏景客源国；等于 0 则表示非客源国。还可以根据 P_i 的大小进一步划分：当 $2 \leqslant P_i < +\infty$ 为强亲景客源市场；$1 \leqslant P_i < 2$为弱亲景客源市场；$0.5 \leqslant P_i < 1$ 为弱疏景客源市场；$0 \leqslant P_i < 0.5$ 为强疏景客源市场。

二、 旅游市场竞争态理论

所谓旅游市场竞争态是指旅游系统中，各市场的占有率和增长率双指标方面所表现出的状态特征。市场竞争态模型的具体分析方法就是根据市场占有率和增长率的高低情况，将高占有率和高增长率的市场称为明星市场；将高占有率和低增长率的市场称为金牛市场；将低占有率和高增长率的市场称为幼童市场；将低占有率和低增长率的市场称为瘦狗市场，并据此做出营销战略和对策。旅游市场竞争态是指旅游目的地各客源市场在市场占有率（A_i）和市场增长率（B_i）两个指标作用下，所表现出的状态特征，记为 Ω_i（A_i，B_i）。

$$A_i = \frac{X_i}{\sum_{i=1}^{n} X_i} \times 100\% \tag{1-2}$$

$$B_i = \frac{X_i - X_{i-1}}{X_{i-1}} \times 100\% \tag{1-3}$$

公式（1－2）和公式（1－3）中，X_i为张家界市 i 客源市场 i 年的游客数量；$\sum_{i=1}^{n} X_i$ 为 i 年张家界市入境游客数量总和；X_{i-1}为 i 客源市场来张家界上年的游客数量。

在旅游市场分析中，市场占有率（A_i）反映了在激烈的市场竞争中所占据的地位和实力，即“蛋糕”分割中所占的份额；市场增长率（B_i）反映的是激烈市场竞争中所表现出来的发展潜力，即当年较上年增长率。两者构成了市场分析和预测中的核心变量。给定一对合适的划分标准（a，b），依据各分市场占有率和增长率，可以将区域旅游市场划分为明星市场、金牛市场、幼童市场和瘦狗市场 4 种类型，它们分别处于由占有率和增长率所圈定的 4 个象限内，如图 1－1 所示。

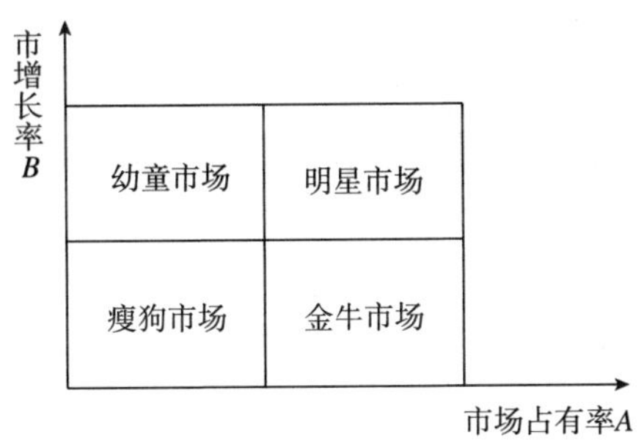

图 1－1　市场竞争态的 4 种类型

同时以市场占有率的平均值确定为 a，以市场增长率的平均值确定为 b。各类市场划分依据、基本特征及战略抉择见表 1－1。

表 1－1　市场基本特征及战略方向

市场类型	划分依据	基本特征	战略方向
明星市场	$A \geqslant a$，$B \geqslant b$	占有率和增长率“双高”，具有可观的活力和发展机会，但需要更多投资	扩张性战略，增大投资、扩大生产，保持市场增长率，提高占有率
金牛市场	$A \geqslant a$，$B < b$	占有率高、增长率低，能大量回收资金，但市场区域成熟和饱和	收获性战略，适量减少投入或不增加投入，以时间收益最大化

续表

市场类型	划分依据	基本特征	战略方向
幼童市场	$A<a$，$B\geqslant b$	占有率低，增长率高，是发展的新生力量和后备军，但方向不定，前途未卜	选择性战略，对有可能成为明星的进行培育，反之则放弃
瘦狗市场	$A<a$，$B<b$	占有率和增长率“双低”，有某种难以克服原因使其处于不景气状态	撤退性战略，减少投入、缩小规模，将资源转向其他市场

资料来源：根据波士顿矩阵的相关资料，笔者整理归纳所得。

三、旅游流理论

旅游流是一个非常重要的具有空间属性的旅游地理学概念，是构成旅游系统的神经中枢或纽带，是旅游系统中相互依存的若干部分结合在一起形成的具有特定功能和运动规律的有机整体。国内外旅游学者都非常重视对这一领域的研究，皮尔斯（Pearce）、郭来喜、保继刚等将其列为旅游地理学研究的核心课题。

旅游流是在一个或大或小的区域上，由于旅游需求的近似性而引起的旅游者集体性空间移动现象。这个定义比较好地把握住了形成旅游流的主要矛盾、特征和形成旅游流的内在机理，即旅游流主要指旅游者的流动，旅游流的特征是集体性的空间移动，旅游流的形成是由于旅游需求的近似性。同时也表明，旅游者是旅游流研究的基本单位和对象，旅游客流是旅游流研究的主体，资金流、信息流、物质流、能量流和文化流为研究的辅助体。旅游客流、信息流、资金流、物质流、能量流和文化流一并称为旅游流的子流，子流的集合即构成了旅游流。

旅游流的衡量以股为计量单位。一股旅游流从客源地开始沿一定的方向和路线流动到一个或数个目的地，最后流回客源地，完成一次旅游运动。旅游流的运动轨迹是一个封闭的曲线或不规则的多边形。旅游流系统是一个由旅游流节点、旅游流通道和旅游流节构成的空间网络结构。网络的旅游流节点是旅游出发地、旅游目的地或中转地，联结节点的线路称为旅游流通道，一条具有方向的通道及所连接的两个节点称为旅游流的节，通道把旅游流分成不同的节。一次完整的旅游活动至少包括两条具有方向的旅游流通道及其所连接的两个旅游流节点，即从客源常住地到目的地，再从目的地返回常住地。但若旅游者选择多个目的地，一次旅游活动就包含若干旅游流节。因此，旅游流始于起点，止于原起点，形成闭合的不规则曲线运动轨迹。

在旅游流研究中，还将涉及旅游流向、旅游流量、旅游流速和旅游流程等问题。旅游流向是指旅游者根据自己的旅游动机与经济能力所选择的从出发地到目的地的流动方向。旅游流量是指一定时期内进入同一旅游目的地国家或地区的旅游者的数量。旅游流量和旅游流向是互为条件的，只有一定的流量才能构成流向，只有一定的流向才能形成流量，旅游流向、流量反映了一定时间内旅游者空间分布的一般状况及其发展趋势。旅游流速是指一定规模的旅游流在旅游目的持续时间的长短，体现着该旅游目的地开发的深度和广度。旅游流程即旅游流的长度，指的是客源地到目的地，以及目的地之间通道距离的长短。

四、 旅游系统理论

从系统理论角度来考虑，区域旅游活动实际上是一个系统。著名旅游学家、*Annals of Tourism Research* 主编盖佛瑞（Jafari，1985）指出：“为理解旅游业，有必要将其作为一个整体或作为一个系统来研究。”旅游系统是由旅游客源市场系统、目的地系统、出行系统和支持系统四部分子系统组成，具有特定结构和功能的活动系统，是自然、经济、社会复杂系统的子系统。

（一）旅游客源市场系统

旅游客源市场系统是由现实和潜在的具有实际旅游能力的游客（有旅游动机、充足的可自由支配收入和时间、健康体魄的人）构成，它促使一个地方成为客源地。游客对目的地的选择不仅要受个人爱好、实际经济能力和闲暇时间等个体特征的影响，而且也受客源地经济发展水平、社会文化特点、政府部门对旅游业的态度、旅游政策等客源地社会经济背景的影响。客源市场系统可以从不同角度划分为许多子系统。按地区可划分为国际市场、国内市场、地方市场；按人口特点可分为老年人市场、成年人市场、青年人市场；按消费行为可划分为观光旅游市场、度假旅游市场、商务旅游市场等。在市场导向下旅游开发者应该注意研究旅游市场的变化和发展，研究不同旅游者的行为结构、消费结构、旅游的流量、流向等时空分布特征，以便对目的地旅游市场作出合理预测，继而合理组织旅游产品和营销策略。客源市场的调查、分析、流量（需求）预测、滞留期、人均日消费、旅游毛收入预测，以及收益乘数和就业机会预测等，是市场规划与开发研究的主要内容。

（二）旅游目的地系统

目的地系统主要是指为已经到达出行终点的游客提供游览、娱乐、食宿、购物、享受、体验或某些特殊服务等旅游需求的多种因素的综合体。它是旅游系统中与旅游者联系最密切的子系统。具体来讲，旅游目的地系统由旅游吸引物、设施和服务三方面要素组成。旅游吸引物是在旅游资源的基础上经过一定程度的开发形成的，一般包括景观系统和旅游节事两个部分，因此有时可以将吸引物系统近似地理解为旅游资源系统。景观系统一般可以分为原赋景观（主要有自然遗产景观和文化遗产景观）和人工景观（主要有游乐场、主题公园、现代城市休闲设施等）两种类型。旅游节事是指围绕某一事件如啤酒节、桃花节、服装节、火把节等组织的意在吸引旅游者前往观看、参与的活动。设施子系统包括除交通设施以外的基础设施（给排水、供电、废物处置、通信及部分社会设施）、接待设施（宾馆、餐饮）、康体娱乐设施（运动设施、娱乐设施等）和购物设施等。这些内容常常是政府和开发商特别关注的事项。在目的地系统中常常受到忽视的因素是服务子系统。服务子系统是一类特殊的子系统，它是构成目的地吸引力的有机组成部分。虽然它大部分情况是非具象的，却可起到举足轻重的作用。旅游人类学、旅游心理学和旅游社会学对此有较大关注。

（三）旅游出行系统

出行系统是旅游客源地到旅游目的地的往返及旅游目的地为旅游者提供的各种旅游活动的交通设施（包括公路、铁路、水上航线、空中航线、缆车、索道）；由旅行社提供的旅游咨询、旅行预订和旅行服务等；

由政府和各旅行服务机构、旅游销售商向旅游者提供的信息服务、旅游宣传、营销等子系统。

（四）旅游支持系统

客源市场系统、出行系统和目的地系统共同组成一个结构紧密的内部系统，在其外围还存在着一个由政策、制度、环境、人才、社区等因素组成的支持系统。这部分系统中政府起到特别重要的作用，此外旅游教育机构也担负着非常重要的责任。支持系统因旅游大系统的存在而存在。应成为旅游规划中需要重点考虑的部分，没有政策保障、人才教育和培训等支持的旅游系统，将会导致旅游发展的影响恶化、资源损毁、服务质量低下、经济衰退等不良后果。实际上，从某个角度而言，旅游发展战略的制定及其实施本身，就可看成是某种形式的旅游健康发展的政策支持，即旅游发展战略制定行为本身也是旅游系统的一个组成部分，是旅游业可持续发展的必要保障。

五、 区位理论

“区位”一词源于德文的 Standort，该词于 1886 年被译为英文 Location。区位的主要含义是某事物占有的场所，具有位置、布局、分布、位置关系等方面的意义，并有被设计的内涵。区位论是说明和探讨地理空间对各种经济活动分布和区位的影响，研究生产力空间组织的一种学说，或者说是关于人类活动的空间分布和空间组织优化的理论，尤其突出表现在经济活动中。区位可以分为绝对区位和相对区位。绝对区位是指由经纬度构成的网络系统中的某个位置，即自然地理位置。相对区位是指相对于其他位置来说的限定位置，即交通地理位置和经济地理位置。比较而言，相对区位远比绝对区位重要，其作用和意义主要表现为以下几个方面：（1）地域分工的形成和发展与具有某种相对优势的区位因素密切相关。换言之，良好的区位可以促成某些特殊的发展，某个中心城市的崛起或某些特大海港的发展，往往可以从它们的相对区位中寻找答案。（2）一个地区的发展潜力在很大程度上也依赖于它的相对位置，而不仅仅是它的天赋自然条件。（3）最好的区位也会随时间而发生变化。（4）某一活动在某一区位的发展可以带动周围区位相关活动的发展，这是区位因素在空间经济活动中所产生的乘数效应。综合起来讲，区位就是自然地理位置、经济地理位置、交通地理位置在空间地域上有机结合的具体表现。区位论最早出现在经济学中，19 世纪初德国农业经济学家杜能（Yon Thunen）创立了农业区位论；20 世纪初德国经济学家韦伯（Weber）创立了工业区位论；20 世纪 30 年代，德国地理学家克里斯泰勒（Christaller）根据聚落和市场的区位，提出了中心地理论，随后另一个德国经济学家廖什（LOsch）利用克里斯泰勒的理论框架，发展成为产业的市场区位论；日本学者肋田武光对区位论在旅游开发规划中的应用进行了较深入的研究，发展成为较成熟的“观光立地论”；北京大学杨吾扬教授较早地将区位理论引进中国的经济地理学研究。在中国，许多旅游专业人员将区位理论的基本原理予以演义、发挥，认为区位论以其与市场选择行为的紧密结合和抽象精炼的表达方式，可以给旅游规划与开发以理论指导，具体来说有确定旅游空间组织层次与规划、制定旅游发展攻略、寻找区位优势、增强集聚效应、旅游设施住址的选择、旅游线路的设计等。

六、 区域经济理论

区域经济理论创立于 20 世纪初，是适应现代经济组织与发展的客观需要而产生的，经过了地域分工理论、经济区位理论、区域发展理论等发展阶段，到 50 年代才建立起来。在承认存在空间差异性因素的假设条件下，区域经济学和区位论用“绝对成本优势”“比较成本优势”作为竞争力研究的重要解释条件。新贸易理论认为某个区域特定产业竞争优势的维持不依赖其资源禀赋的比较优势，而看其在技术、规模等方面如何维持领先。对于不同城市的旅游业而言，它所拥有的资源禀赋对其旅游产业竞争优势的形成起着非常重要的作用，但是基于资源禀赋优势所获得的竞争优势是否可以持久维持就要视情况而定了。如地区之间客观存在的区位、游客交通运输成本、自然条件、与旅游相关的要素禀赋条件等差异均影响着旅游竞争力，客源国的关税、汇率也会对城市入境旅游竞争力产生影响。

七、 旅游地生命周期理论

旅游生命周期理论可作为一种计划工具，用于描述和分析旅游地的发展轨迹，可以使目的地管理、营销机构预测到旅游地的发展会随着时间的变化而变化。在不同的时期应采取不同的营销策略以应付来自竞争者的挑战。旅游生命周期理论还可作为一个控制工具，有助于目的地管理、营销机构，凭借旅游地已有的旅游吸引物来推动即将开发的新的旅游物可能产生的绩效，以及旅游地是否有必要进行新的旅游吸引物的开发。

旅游地生命周期或旅游产品生命周期最早是由德国学者克里斯塔勒（ChristaUer W，1963）在研究欧洲的旅游业发展时提出的。加拿大地理学家巴特勒（Butler）在 1980 年对旅游地生命周期理论进行了系统阐述，并成为经典之作。他认为一个地方的旅游开发，不可能永久处于同一个水平，而是随着时间变化不断演变的。这种演变一般经过“探索期、参与期、发展期、稳固期、滞长期和衰弱期（或复兴期）”6 个阶段。巴特勒曲线是对旅游地发展周期的高度抽象和理论提炼。在实际情况中，这种曲线有各种变形：（1）若旅游地发展过程中，在快速增长期，旅游地又开发出了新的旅游产品，而且这个新产品具有强大的吸引力，在很大程度上，改变了旅游地特色，则旅游地吸引力也就大增，旅游地将进入高速增长期，平稳发展期也就迟迟不会到来。而且高速增长期会延续很长时间，旅游地生命周期延长，运行的轨迹也将大大改变。（2）若在旅游地的平稳发展期，旅游地又推出了新产品，且这次新产品的推出是旅游地预先经周密策划，旨在调整旅游地生命周期的运行轨迹的。即此次新产品的推出改变或更进一步强化了旅游地形象，旅游地产品结构得到了较大的调整，致使旅游地吸引力大增。于是，旅游地的平稳发展期很快结束，又进入快速增长期，衰弱或复苏期在较长时期内不会出现。由此可以看出，旅游地的生命周期是可以通过人为的调控加以延长的，通过策划和管理，使旅游地的生机常在，旅游地的吸引力长存。这两种情况的出现是旅游地的高层管理人士有计划地预先调整的结果。当然，也可能是新的高品质的旅游资源被发现以及投资者的快速大规模开发，改变了旅游地生命周期的轨迹。此外，还有些旅游产品的生命周期并没有经过巴特勒描述的探索、发展等阶段，而是直接从一个高峰起步，逐渐走向衰弱，如国内曾盲目上马的一些大同小异的主题公园。另外的一些旅游产品，我们则只能观察到游客的起伏波动，而看不到它的第二轮上扬或衰败，如永久性的世界文化遗产长城、故宫、杭州的西湖等。因此，对旅游地生命周期概念的把握应具体情况具体分析。旅游地生命周期理论告诉我们：一个产品投入市场，从设计、投产、进入市场到被市场淘汰，要经历一个从兴盛、发展、成熟、稳定到停滞、衰退的曲线过程。认识这个过程的规律性特征，对于区域旅游的开发、旅游产品的规划设计及其投入市场后预测效果，无疑具有重要意义。

第二章 张家界旅游产业发展概况

第一节 张家界概况

一、张家界的位置、面积、人口和政治、经济状况

张家界位于湖南省西北部的武陵山脉腹地，澧水中上游。地理坐标东经109°40′至111°20′，北纬28°52′至29°48′。东接常德地区的石门和桃源县，南临怀化地区的沅陵县，西接湘西土家族苗族自治州的永顺和龙山县，北与湖北省的鹤峰和宣恩两县接壤。总面积为9563平方公里，其中山地面积占76%。

张家界市原名大庸市，成立于1988年5月18日，为扩大影响，以山名命市名，遂于1994年更改市名为张家界市。全市下辖两区两县，即武陵源区、永定区、慈利县、桑植县。

张家界市是一个以少数民族为主的省辖市，境内主要少数民族是土家族、白族和苗族。全市现有人口170万人，其中少数民族人口113.02万人，占总人口的72.8%。

由于地理位置偏僻，自然环境恶劣，加上古代统治阶级实行民族歧视政策，因而，长期以来这里的经济文化极为落后，小农经济、小农意识一直占据主导地位。1949年后，这里的经济文化状况发生了很大的变化。然而，由于种种原因，这里仍然属于不发达的老少边穷地区。为了发展本地区的经济，开发本地区丰富的旅游资源，经省人民政府报请国务院批准同意，建立了省辖市张家界市，同时确立了旅游立市、旅游强市的经济发展战略。“九五”期间，张家界的经济得到了迅猛发展，国内生产总值由33.6亿元增加到62.1亿元，年均增长10%，旅游收入则

由2.6亿元增加到19.5亿元，年均增长50%，旅游产业成为本地区经济增长最快的产业；旅游收入占当年国内生产总值的比重由7.65%提高到31.4%，旅游产业在国民经济中居于主导产业和支柱产业的地位。随着中国加入WTO，张家界的旅游业将呈现出更加广阔、更加良好的发展前景。

二、 张家界核心景区武陵源的地貌特征及其成因

武陵源的地貌特征主要表现在峰林、溶洞和峡谷种类繁多且形态各异，极具观赏价值。

1. 石英砂岩峰林

根据湖南省地矿部门遥感图像资料分析，武陵源共有石峰3103座，最高的兔儿望月峰海拔1264.5米，其次天子峰海拔1262米，索溪峪宝峰山海拔1213米，海拔最低的地方是黄龙洞河口为269米。相对高度海拔100米以上的石峰1037座，其中高出300米的45座，200~300米的189座。

武陵源的峰林以其连绵广阔、野性十足、线条笔直、傲然挺立、奇形怪状、植被丰富而闻名天下。

武陵源的峰林多为石英砂岩峰林。其形成过程是3.8亿~3.74亿年的中泥盆纪时期，由于地壳沉降，海水侵入，张家界一带处于滨海，大量富含二氧化硅的沙粒、少量泥土冲入，积成厚达千米的砂层，经压实固结，成为今天所见的石英砂岩。约2.8亿年前的二叠纪，石英砂岩露出地面，一度成为植物繁衍的沼泽，形成含煤或炭质页岩地层，将砂岩层覆盖，这一时期被称为砂岩峰林的物质产生期；约2亿年前的三叠纪末，发生强烈地壳运动，在产生褶皱的同时，挤压力还使砂岩产生垂直的断层、节理，且发育特别充分。这种节理及断裂带共有两组，一组是北北东30°，一组是北北西310°~330°。当两组断裂和节理相互交叉时，形成“X”状节理或“网目”状节理，为后来的峰林地貌的形成提供了有利的构造条件。这一时期被称为有利峰林构造发育期；地洼阶段晚期，露出地表的地层开始接受风化水蚀。300万年以来，上部地层逐步被剥蚀殆尽，下部地层接着受剥蚀。当含煤或炭质页岩地层剥蚀无余，石英砂岩便暴露地表，由于风化水蚀和重力作用，逐步形成了今天武陵

源千姿百态的石英砂岩峰林地貌。而袁家界等地还有地层保护，是未来峰林的发育区。

2. 峡谷

两岸悬崖，一水中分的峡谷，为武陵源又一地貌特色。境内海拔2000米以上的沟谷32条，总长84.6公里。大致分为西北—东南走向和东北—西南走向两组。其中以西北—东南走向居多，从西向东依次有琵琶溪、花溪、沙刀沟、矿洞溪、黄花溪、龙尾溪、甘溪（十里画廊）、蔡家峪等，均为游览胜地。东北—西南走向的有金鞭溪、百丈峡、宝峰湖、青龙沟、插旗峪等，以金鞭溪和百丈峡最为有名。

峡谷是由于砂岩有充分发育的垂直节理和断层，在地质年代里，雨水顺节理对岩层的长期冲击下切，加上地壳的运动，溪涧落差不断加大而逐步形成的。

3. 溶洞

溶洞是武陵源的又一奇景，溶洞之大之深，石钟乳、石笋之多之奇、溶洞与地下河有机结合、溶洞与峰林相互映衬，是武陵源溶洞的魅力所在。溶洞主要分布于索溪峪河谷的北侧，天子山的南侧，居于砂岩峰林的外围地区。

溶洞主要由水的化学作用和机械作用形成的。石灰岩层理、节理和断层发育，便于水的侵蚀。当含有二氧化碳气体的水侵入石灰岩进行溶解后，碳酸钙随水流失而留下空洞。洞穴起初很小，经过若干万年的溶解而逐渐扩大成洞穴。洞内众多的石笋、石柱、石钟乳，是由于含有重碳酸钙的地下水自洞顶裂缝渗出时，二氧化碳溢出，水分蒸发，重碳酸钙沉淀下来，附着石缝处而逐渐形成的。起初在洞顶形成一个小突包，然后逐渐加大延伸，遂形成钟状或乳房状的石钟乳；未能在洞顶沉淀而落于地面的重碳酸钙液就在地面沉淀积累，逐渐向上形成如笋状的石笋。当石钟乳与相应位置的石笋相接时，就变了首尾相连的石柱。石钟乳或石笋若存空洞，或石灰岩被地下水溶蚀成为空洞时，就成为敲之有声、弹之有音的石鼓或石琴，被地下水淹没的溶洞便成了地下河。

三、 张家界的气候特征

张家界市地处北中纬度，属中亚热带山原型季风性湿润气候。年均气温 16 度，降水 1400 毫米，年均日照 1435 小时，年均无霜期 269 天，光热充足，雨量丰沛，无霜期长，严寒期短，可谓冬暖夏凉，四季温和，气候宜人。

四、 张家界景观资源简介

张家界景观资源极为丰富。这里既有以世界自然遗产武陵源为代表的自然景观资源，又有以普光禅寺、贺龙纪念馆为代表的人文景观资源。

1. 石英砂岩峰林

张家界景观资源中最有特色、最为典型的部分。以其峰林的集中，数量的繁多，轮廓的垂直度、草木的茂盛、形态的诡异而有别于世界上其他峰林景观。从整体特征而言，是世界上独一无二、无可替代的自然景观，具有世界性的价值。其主要集中在张家界、天子山和索溪峪三大风景区。

2. 溶洞

溶洞在张家界的自然景观中居于重要地位。以其规模的宏大、层次的丰富、钟乳石的发育完美、美轮美奂，以及洞河相连而名震遐迩。著名的洞穴有天下第一奇洞黄龙洞，亚洲第一洞九天洞。

3. 漂流

张家界由于山高谷深，河水落差大，因而非常适宜于漂流。这里拥有全国首家采用橡皮艇漂流的茅岩河漂流，还有娄水漂流，周边有号称天下第一漂的猛洞河漂流。

4. 森林公园

张家界的不少地方，森林覆盖率高，植被保存完好，有大片的原始森林和丰富的原始孑遗植物。就在这里，诞生了中国第一个国家森林公园——张家界国家森林公园。随后，天门山、八大公山相继成为国家森林公园，是进行动植物资源科学考察最为理想的地方。

5. 寺庙景观

张家界的寺庙主要有建于明初、儒释道三教合一、被称为江南名刹的普光禅寺，以及被誉为“南武当”“南楚第一胜境”的江南著名道教圣地五雷山。

6. 石窟

张家界的玉皇洞石窟是湖南省最大、保存最为完整的石窟，有很高的美学欣赏价值。

7. 民俗文化景观

张家界是一个少数民族聚居的地区，土家族、白族、苗族在悠久的历史长河中创造了灿烂的文明。其饮食、居住、婚姻、文学艺术具有鲜明的民族特色。秀华山馆、土家风情园、苦竹镇能较全面地展示少数民族的风情。

第二节　张家界旅游产业发展历程

张家界旅游产业发展可以划分为：1979～1999 年的发展初创期；2000～2010 年的发展勃兴期；2011 年到现在的发展转型期。每个阶段都具有当时旅游产业的发展特征。

一、张家界旅游产业发展初创期

1979～1999 年，张家界旅游资源慢慢为人所知，到一个以张家界市为依托，以张家界、天子山、索溪峪三大景区为重点，以其他较次景区为周边卫星景区，集山、水、洞、历史文化、民俗风情于一体的旅游产业开发、开放格局慢慢建立，旅游产业取得了一定的成果。1988 年 8 月国务院将武陵源风景名胜区列入第二批国家重点风景名胜区；1989 年 1 月 1 日，大庸市地级市正式运转；1992 年 12 月 7 日联合国教科文组织世界遗产委员会决定将武陵源风景名胜区被列入《世界遗产名录》；1994 年 1 月 10 日张家界旅游经济开发区被列为湖南省首批设立的开发区，4 月 4 日国务院批准大庸市更名为张家界市；1996 年开始重点实施“旅游带动战略”，加快旅游产业与经济建设的协调发展。这几个时间发生的事件对张家界旅游产业发展初创时期具有重要意义，是张家界旅游产业发展初创期的重要时间节点。

张家界旅游产业发展初创期总结起来有以下特征。

（一）张家界经济发展依托从农业转换到旅游产业

张家界为少数民族聚居地区，20 世纪 70 年代以前，经济基础较为落后，社会文化形态比较传统，是以自然经济方式为主的农业区域，农业资源不丰裕，生产资料短缺，基本生活资料自给而不能自足，农业文明及其小生产思想占据重要地位。70年代的最后几年，因为张家界国营林场成绩突出，引起越来越多的重视。如1979年5月，大庸县革命委员会向湘西自治州革命委员会提出《关于张家界林场划分为保护区的请示报告》，张家界旅游产业慢慢被人所知。8月，湖南省林业局和省林学会对张家界林场森林资源进行了综合考察，并形成了科研考察报告，提出“兴办旅游区”的建议，张家界旅游产业开始发展。从80年代开始，张家界认识到“旅游资源优势是发展大庸经济的最大优势”，又由于武陵源的绝世风光被发现，引起巨大轰动，随后慈利县、桑植县也开始开发与张家界一脉相连、地貌形态相近的索溪峪和天子山。如1980年，中共慈利县委提出了开发索溪峪等于办一个巨大的“无烟工厂”的指导思想，开始开发索溪峪。随后，桑植县也开始开发天子山，并成立了“天子山开发指挥部”。这个时候由于行政区划的分治，紧密相连的三大景区出现了争先恐后、竞相开发的局面，群众性的开发建设热情，空前高涨。这一阶段使这块神奇土地初步具备了对外开放条件，在海内外旅游市场中有了一定的知名度，为后来的发展奠定了坚实的基础。张家界社会经济发展找到了世界上最大的产业——用旅游产业的发展带动经济的发展，由此张家界依托旅游产业从农业文明直接向现代文明过渡。

（二）初创时期以基础设施的加强为重点方向

改革开放，极大地解放了人们思想，同时也引进了一批资金、人才、技术、改革管理模式，为经济的发展提供了多种助推力。但在张家界这个贫困地区，人们的思想刚刚发生根本性改变，对旅游和对美的追求的认识才从“资产阶级生活方式”的思想中解脱出来，旅游休闲渐渐成为时尚方式。这段时间张家界以基础设施的加强为重点。例如，1980年9月桑植县下发了《关于成立旅游事业领导小组的通知》，成立了由县委副书记胡太灼担任组长的“旅游事业领导小组”，该小组成立后，一方面着手筹资修建“金鞭岩饭店”，另一方面开展张家界旅游景区的调查研究，与自治州景区调查工作组一道，对张家界的地形地貌、动植物资源、景区景点进行了全面的调查，为近百个景点命名，并绘制了景区分布和游览线路图。1991 年 11 月开始张家界机场开工；1992 年 5 月黄石寨游道改造工程竣工；1994 年 6 月张家界市第一家星级宾馆祥龙国际酒店正式挂牌。1998 年 10 月 1 日长（沙）—石（门）铁路正式通车，615 次列车从长沙始发至终点站张家界；同年，12 月 1 日，张家界空港口岸正式通过国家海关总署口岸规划办验收，从景区、交通到住宿各方面都在加强基础设施的建设工作。

（三）旅游产业开发开放格局慢慢形成

从旅游资源慢慢为人所知，到一个以张家界市为依托，以张家界、天子山、索溪峪三大景区为重点，以及周边卫星景区，集山、水、洞、历史文化、民俗风情于一体的旅游产业开发开放格局的建立。张家界旅游产业也是走过了很多年头才取得这样成就。

中央工艺美术学院教授吴冠中写生后撰文《养在深闺人未识——失落的风景明珠》，刊载于 1980 年 1 月 1 日《湖南日报》，这是省级报纸上第一篇介绍张家界自然风光的文章，张家界旅游资源进入人们视线。

三大重点景区的开发也是经历了从竞相开发到统一调整的过程。1980 年中共慈利县委开始开发索溪峪。随后，桑植县也开始开发天子山。湘西土家族苗族自治州还向湖南省人民政府提出了请求建设“大庸旅游区”的报告；湖南省旅游局也形成了关于张家界旅游的第一份文件——《关于张家界旅游风景区调查情况的报告》。可以说，1980 年是张家界三个重点旅游景区旅游发展初期重要的一年。1982 年 4 月，湖南省人民政府将张家界、索溪峪列为省级自然保护区。同年，经国务院批准，张家界成为中国第一个国家森林公园。1984 年 1 月，张家界森林公园管理处成立。1985 年初，中共中央总书记胡耀邦为位于武陵山脉、行政区划分不同却自然构成一体的三个风景区共同写了“武陵源”一词，标志着武陵源风景名胜区的初步形成。随后，湖南省委、省政府专门设立了“湖南省人民政府武陵源办公室”，负责张家界地区的旅游开发工作，国家也把武陵源列为“七五”计划期间全国两个重点建设的自然风景区之一。1986 年 3 月，经国家计委、林业部批准，索溪峪被定为国家级自然保护区。为加速张家界地区的旅游产业开发，1988 年 5 月，国务院决定将原大庸市由县级市升为地级市，将慈利县、桑植县划归大庸市管辖，将张家界、索溪峪、天子山三个风景区合并为大庸市武陵源区。同年8月，国务院批准武陵源区风景名胜区为国家重点风景名胜区。同年12月，决定成立中共武陵源区工作委员会和武陵源区管理委员会。在1985年以前，由于行政区划的分治，紧密相连的三大景区出现了争先恐后、竞相开发的局面，虽然这种局面在一定程度上使张家界在海内外有了一定名气，但景区与景区之间，开发与保护之间的矛盾却十分突出。1988年地级市成立，进行了大量的统一调整工作，景区的管理、规划、建设、外宣口径得到一定的统一和调整，拆掉了原来三大景区分而治之的门槛。分散的竞相开发步入了统一开发的轨道。1992年12月7日联合国教科文组织世界遗产委员会决定将武陵源风景名胜区被列入《世界遗产名录》。

周边卫星景区黄龙洞、宝峰湖、九天洞、茅岩河、普光禅寺、八大公山、天门山、五雷山、贺龙纪念馆、湘鄂川黔革命根据地纪念馆等融合了山、水、洞、历史文化、民俗风情于一体的旅游开发。1983年2月，被称为“地下奇观”的黄龙洞被发现，1985年正式对外开放，集“中华第一洞府，天下第一奇观”“地下明珠”“地下迷宫”等美称于一身；宝峰湖原为水库，进入20世纪80年代后因高峡平湖的壮美、湖光山色的秀丽，成为张家界风光中一景，被誉为“人间瑶池”；有世界溶洞之奇、亚洲第一洞之美誉的九天洞于1987年被发现，1991年正式对外开放。对茅岩河的旅游开发价值的认识是从《茅岩河风景简述》开始，同年10月，县旅游局开始组织对茅岩河旅游资源的正式考察；普光禅寺因历史悠久，建筑造型具有极高的科学和艺术价值，1959年，湖南省人民政府将普光禅寺列为重点文物保护单位。在“文化大革命”中受到毁灭性破坏，80年代后，保护普光禅寺的文物，发展旅游事业提到日程。1982年4月，湖南省人民政府将八大公山列入湖南省18处自然保护区之首，由此拉开了八大公山自然保护区的建设序幕。1990年成立了八大公山国家级自然保护区管理局。1985年10月，中共大庸市委、大庸市政协邀请中国旅游地学研究会对天门山的相关资源进行了考察，奠定了天门山开发的价值基础；慈利县委、县政府在开发索溪峪的同时，也在开发五雷山。1988年，索溪峪被划出慈利县，县委、县政府将旅游重点转向了五雷山，提出了“开发五雷山、保护文物、发展旅游、振兴经济”的指导思想，五雷山的开发弥补了张家界旅游区宗教旅游文化的空白。1994 年，贺龙纪念馆奠基典礼在洪家关举行，贺龙纪念馆成为革命传统教育和爱国教育主义的重要场所；为缅怀先烈功绩、弘扬革命精神，中共张家界市永定区委、区政府于 1991 年开始着手修复湘鄂川黔省委、省军区、省革命委员会旧址并新建纪念馆。

（四）已经具备发展旅游业的条件

张家界市是由几个偏远、贫穷的县组合起来的，发展的方向是依托旅游产业进入现代文明社会。初创阶段的整体目标朝游览现代化、交通现代化、高水平的服务和管理努力。不过要有大的发展，必须打好旅游发展的基础，而张家界在旅游发展初创期已经具备了发展条件。

1. 政策的支持

1989 年 1 月 1 日，大庸地级市正式运转。3 月，中共大庸市委成立，第一次明确提出了“以旅游产业为龙头”的指导思想。6 月武陵源区人民政府成立。武陵源区人民政府加挂武陵源风景名胜区管理局的牌子。同年，武陵源风景名胜区被列入全国风景名胜“四十佳”。1994 年 1 月 10 日张家界旅游经济开发区被列为湖南省首批设立的开发区。4 月 4 日国务院批准大庸市更名为张家界市。1996 年 1 月全市计划工作会议指出：开始重点实施“旅游带动战略”，加快旅游产业与经济建设的协调发展。

2. 基础设施的建设加强

从机场开工建设到游道的建设、改造再到第一家星级宾馆祥龙国际酒店正式挂牌；从景区、交通到住宿各方面都在加强基础设施的建设工作，且发展迅速。

3. 旅游的宣传力度和影响扩大

1993 年 9 月，中国湖南张家界国家森林环保节暨武陵源世界遗产保护节举行。1995 年 9 月，中国张家界森林保护节新闻发布会在首都北京举行。1997 年 5 月，香港—张家界经贸合作恳谈会在张家界市区举行。9 月第五届中国湖南张家界国际森林保护节入园式在张家界国家森林公园举行。连续举办三届森林保护节，1992 年申请并通过了联合国教科文组织的验收，武陵源被列入《世界遗产名录》，1998 年，叶文智为黄龙洞长了20 万年的石笋“定海神针”投保1 亿元。1999 年12 月8 ~ 11 日张家界举办“穿越天门，奔向21 世纪”的世界特技飞行大奖赛。这些旅游宣传都对进一步提高张家界的旅游知名度，意义十分重大。

二、 张家界旅游产业发展勃兴期

2000 ~ 2010 年为张家界旅游产业发展勃兴期。这个阶段张家界旅游产业经历了“十五”旅游、“十一五”旅游规划的发展，呈现出蓬勃发展的劲头，该阶段虽然经历了2003 年非典型性肺炎（SARS）、2008 年的经济危机等一系列突发事件，但这个时期张家界全市秉着“建设成为国内外知名旅游胜地”的目标，加快旅游发展的步伐。最终呈现出旅游接待人次、旅游收入呈现较快增长，形成了张家界旅游品牌，完成了由旅游资源大市向旅游产业大市的转变，向旅游经济强市迈进。旅游业的迅猛发展，促进了新型工业化、农业产业化、城镇化进程，带动了经济社会和谐发展。

（一）旅游产业高速发展，实现了旅游人数和旅游收入的双增长

从2000 年张家界市被评选为中国优秀旅游城市开始，旅游接待人次和旅游收入进入发展迅猛时期，实现了双增长。如2000 ~ 2005 年，张家界市旅游接待人次从2000 年的513 万人次，增长到2005 年的1453 万人次，增长近3 倍，年均增长22. 9%；其中接待境外游客从2000 年的20. 19 万人次，增长到2005 年的127. 8 万人次，增长6. 3 倍；旅游收入从2000 年的19. 4 亿元，增长到2005 年的64. 3 亿元，增长3. 3 倍，年均增长26. 9%；旅游外汇收入从2000 年的2. 4 亿美元，增长到2005 年的2. 6 亿美元，增长1. 08 倍。2005 年全市三次产业结构比例为17. 9: 27. 7: 54. 4，以旅游为主的第三产业占GDP 的比重为54. 4%①。

2006 ~ 2010 年，张家界市旅游接待人次从2006 年的1676 万人次，增长到2010 年的2405 万人次，增长了近729 万人次，年平均增长145. 8 万人次；其中接待境外游客从2006 年的127. 5 万人次，增长到

① 根据张家界市“十一五”至“十三五”旅游业发展规划，以及张家界市政府的系列讲话和会议内容整理所得。

2010 年的 148.8 万人次，增长了 21.3 万人次；旅游收入从 2006 年的 79.4 亿元，增长到 2010 年的 125.3 亿元，增加了 0.58 倍，年均增长 11.56%；旅游外汇收入从 2006 年的 2.3 亿美元，增长到 2010 年的 27.7 亿美元，增加了 11.04 倍。到 2010 年，三次产业结构比例调整为 14∶30∶56。①

（二）扩大旅游宣传，大力开拓国际和国内两个市场

坚持全方位、多层次、宽领域的宣传促销策略开拓客源市场，旅游品牌形象已经形成。建立了旅游宣传基金，始终坚持“统一促销口径、统筹促销经费、统一促销宣传品、统一促销行动”的原则，以“大台、大报、大刊、大网”为主要宣传媒体，组织开展了一系列卓有成效的宣传促销活动。大力开拓国际和国内两个市场。国内市场主要巩固华南、华东、中南市场，发展华北、东北、西南市场，开拓西北市场。注重发展红色旅游、自驾车旅游、修学旅游、科考旅游、体育旅游等各种旅游项目，重视开发青少年、老年人旅游市场。国际市场重点稳定韩国市场，拓展日本及东南亚市场，发展东盟、俄罗斯市场，开拓欧美等新兴国际客源市场。

2001 年 11 月，时任韩国观光公社社长的赵洪奎应邀参加张家界国际森林保护节，回到韩国后，大力推介张家界，是张家界的“韩流现象”引导者。张家界在韩国打出广告词，“如果你是个孝子，就带父母来张家界”。2006 年 3 月 17 ~ 19 日俄空军特技飞行队在天门山进行特技飞行表演，虽然穿越天门洞项目最终取消，从旅游宣传上来说这仍是一次成功的策划活动。2007 年底天津市宁发集团有限公司董事长兼总经理张同生邀请法国“蜘蛛人”阿兰·罗伯特成功攀岩“天门洞”。2008 年打造了惊险刺激的“天门山楼道游，透明玻璃观景游”。2009 年 4 月 25 日，新疆达瓦孜第七代年轻传人赛买提·艾山在天门山成功挑战世界最大坡度走钢丝极限，钢丝跨度超过 700 米，垂直高度达 300 米，倾斜度达 39°。2009 年 5 月 14 ~ 18 日，张家界举行国际乡村音乐周。张家界市市长赵小明在一则宣传短片中以卡通形象出现，手拿吉他载歌载

---

① 张家界市国民经济和社会发展统计公报（2006 年，2010 年）［EB/OL］. 张家界市政府门户网站。

舞，为国际乡村音乐周“吆喝”。2010 年，电影《阿凡达》让其中的取景地——张家界的美景享誉世界，张家界“南天一柱”（又名乾坤柱）正式更名为“哈利路亚山”。张家界的空气每立方厘米拥有 10 万个负氧离子，2010 年 7 月 26 日从张家界景区采集的 6 瓶空气作为礼品，赠予世博会上 6 个国家馆的代表。

（三）从单纯关注经济效益到多种效益的平衡

早在 1998 年，联合国教科文组织就对张家界的武陵源发出了“城市化将破坏自然界”的警告，该组织当时提出武陵源现在是一个旅游设施泛滥的世界遗产景区，大部分景区现在像一个城市郊区的植物园或公园。为了保住“世界自然遗产名录”的金字招牌，2001 ~ 2004 年，张家界完成了 34 万平方米的拆迁工程，花费近 10 亿元，可以说这是张家界的切肤之痛，张家界为此付出巨大代价。2013 年 1 月 13 日，联合国教科文组织对中国三大著名景区湖南张家界、江西庐山和黑龙江五大连池发出“黄牌”警告，此次的黄牌事件再次证明了只注重经济效益这种做法是行不通的，“片面注重经济效益”“门票涨价”“忽视人文教育”这些将会给张家界带来严重不良影响。同时这也在表明，地方政府不能光看地质公园的经济效益，更应注重“公共性”——科技的普及、文化价值的宣传等。这同样将对区域经济产生借鉴，城市的发展不能光靠经济来驱动，还要有文化等发展载体，并让民众成为城市发展的主人。为此张家界的发展从单纯关注效益到多种效益均衡发展。

坚持保护与开发之间的协调。2000 ~ 2010 年，张家界坚持“严格保护，永续利用”的方针保护性开发旅游资源。以武陵源风景名胜区为核心，坚持“保护第一、合理开发”的方针，总体规划、科学整合旅游资源。2000 ~ 2005 年，争取省人大颁布实施了《湖南省武陵源世界自然遗产保护条例》，编制了《张家界市旅游产业发展规划》，武陵源核心景区实行了门票 IC 卡管理和环保车专营，对核心景区近 20 万平方米的旅游宾馆饭店、世居农户实施了拆除搬迁，恢复了植被。武陵源风景区先后成功进入首批国家地质公园和首批世界地质公园行列。在严格保护的前提下，实施旅游精品战略，精心包装和重点推介了一批精品旅游线路，建成了一批精品旅游景区（点），加快核心景区疏散游客的通道建设。进一步优化旅游线路，积极创建国家A级旅游区（点），申报创建国家5A级旅游区（点）。加快与省内外旅游资源的对接，舞好全省旅游龙头，主动辐射湘西，努力拓展跨省旅游通道。针对不同层次的游客需要，通过合理组合、延伸、创新，开发设计适应不同层次需求、特色鲜明、组合合理的旅游产品。突出抓好生态旅游、红色旅游、科普探险旅游、民族民俗文化旅游和健康休闲型旅游等多元旅游产品建设，促进旅游产品由单一观光型向观光休闲度假商务型转变。协调保护与开发的关系，最终达到多种效益均衡发展。

更加注重生态效益。努力塑造城市个性，精心打造城市特色，提升旅游城市品位。突出“山、水、园、林、城市”的自然风貌，合理规划、把张家界建成“山清水秀、环境优美、文化内涵丰富、居住条件适宜”的山水旅游新城。调整、优化永定城区核心旅游服务区功能，提升、完善武陵源城区休闲度假的服务水准和旅游功能，丰富慈利、桑植两县城区的旅游服务内容，逐步完善城市基础设施。建设张家界国际旅游商务区。策划城市亮点工程，提高城市管理水平，争创中国最佳旅游城市，促进城市提升园林化、人性化和国际化水平。

（四）基础设施进一步完善

坚持“集中力量办大事，握紧拳头保重点”的原则优先建设旅游基础设施，旅游发展后劲明显增强。“十五”期间，先后投入城镇和景区基础设施建设资金184亿元，建设了张长高速公路和张清、张岁、桑龙、峪园公路，以及激流回旋漂流基地、天子街旅游购物商城、广和旅游商厦、城市休闲公园等一大批旅游基础设施项目。组建了3家旅游运输公司，旅游专营车辆和景区环保车辆近800台；开通了直达韩国首尔的国际包机航线。旅游工业、旅游农业和旅游文化产业也得到发展，旅游商品生产经营企业达到140余家，旅游商品已成为我市工业的三大支柱之一，市内旅游消费市场上的本地产品已超过1/3，拉长了产业链，壮大了旅游产业，为建设旅游经济大市奠定了基础。

进一步优化旅游饭店结构和布局，适度发展高星级酒店，建设好五星级、四星级、三星级酒店，适度发展了汽车旅馆、家庭旅馆、休闲度假饭店和森林野营基地。精心打造一批集特色、品位和品牌于一体的旅游商品。积极发展特色餐饮业，引进清真餐饮、西方餐饮及主要客源地餐饮，重视挖掘本地餐饮文化，突出发展土家特色餐饮、风味小吃等特色餐饮企业和产品，建设特色餐饮区。充分挖掘旅游文化内涵，以打造城市旅游目的地为重点，策划建设一批人文景观和文化娱乐设施，建设一批特色突出、层次分明、功能互补、设施完善的旅游休闲度假区，不断提升旅游休闲娱乐服务水平。同时，完善永定区核心服务区功能。永定城区是游客集散中转中心，应建设一批具有国际水准的会展、文化、娱乐、商务设施和适应多层次游客需求的旅游接待设施，完善不同档次的食、住、行、游、购、娱等方面的配套设施，建设会展中心、体育中心、旅游度假区、城郊休闲区、一批中高档旅游星级饭店，开设特色鲜明的美食街、购物街、文化娱乐街，设立夜间旅游文化演艺中心。

三、 张家界旅游产业发展转型期

2013 以来，政府倡导的节俭之风和不断收紧的“三公”经费，对中国旅游业的走势产生了深刻影响，民众的自助游、自驾游热情高涨，一路飙升。旅游业迎来了转型提质的良好机遇。一是旅游需求转型，旅游业已经从大众旅游变成了满足旅游者精神需求，注重旅游质量，追求个性化、多样化和舒适化的高端旅游。二是产品形式转型，旅游产品形式已从观光旅游向休闲旅游及更多样的产品复合形式转变。三是产业功能转型，随着国内旅游需求的增加，旅游业已经从推动经济增长到扩大就业、推动社会进步转变，旅游业功能不断延伸，社会责任内涵不断丰富。张家界旅游业发展至今已经到了“不缺资源、不缺品牌、不缺人气”的新阶段，现阶段的主要任务同样也是转型提质。在国家旅游业转型发展的大环境下，张家界旅游业也将逐步实现转型升级。2011 ~ 2017 年为张家界旅游产业发展转型时期，是加快转变经济发展方式的关键时期，是加快建设国内外知名的旅游胜地，向旅游经济强市加速迈进的攻坚时期。在未来的很长一段时间，张家界仍然以提质张家界、打造升级版为发展目标，实现各方面的转型。

（一）旅游产品形式转型

在资源和市场相结合的原则指导下，张家界市旅游产品已形成“两大主体旅游产品，九大辅助旅游产品”体系。两大主体旅游产品为：以武陵源核心景区和天门山森林公园为主的观光旅游产品。尤其是天门山森林公园，从2006年开始，天门山几乎每年都有极限运动活动开展，翼装飞行、攀岩、高空跳伞等极限运动吸引了很多极限运动爱好者来到张家界。天门山成了国内外知名的极限运动胜地，塑造了张家界极限运动的新品牌；以永定中心城区的城市休闲和武陵源休闲区为主的休闲旅游产品。九大辅助旅游产品分为：以“魅力湘西”“天门狐仙”为主的文化旅游产品，张家界旅游演艺产业萌芽于20世纪90年代，2007年基本形成了较完备的旅游文化演艺产业体系。目前全市共有正式营业的演艺剧场8个，座位1万多个，演职人员1200余人，年度总产值突破4亿元，接待观众超200万人。2009年以来连续举办的“张家界国际乡村音乐周”被文化部评价为“巧用文化软实力提升国家形象的一次成功实践”，先后培育了《张家界·魅力湘西》《武陵魂·梯玛神歌》《印象·张家界》《魅力张家界》《烟雨张家界》《梦幻张家界》，以及市区的《天门狐仙·新刘海砍樵》《西兰卡普》等演艺项目，其中《张家界·魅力湘西》和《天门狐仙·新刘海砍樵》于2010年进入全国首批35个文化旅游重点项目之列。魅力湘西大剧院和《天门狐仙·新刘海砍樵》被文化部授予“国家文化产业示范基地”称号，《天门狐仙·新刘海砍樵》获“影响中国旅游文化演出类”的唯一金奖。经过近些年的发展，张家界市演艺节目得到社会各界的广泛赞誉，成为有影响、有市场的文化演艺品牌，被称为文化旅游产业的“张家界现象”；以土家“赶年”“正月十五元宵节”等民族风俗为节庆的节庆旅游产品；以江垭温泉、万福温泉等为主的温泉旅游产品；以洪家关贺龙故居、苦竹寨为主的红色旅游产品；以天门山寺、普光禅寺、五雷山、紫霞观等宗教场所为主的宗教旅游产品；乡村旅游产品、高尔夫旅游产品、背包旅游产品及自驾游旅游产品也是张家界新兴的旅游产品。面对文化旅游类、旅游演艺类产品的旺盛需求，大力支持演艺企业完善民族文化旅游类产品和旅游演出类项目，力求精益求精；为满足游客多元化的市场需求，张家界市还大力开发乡村旅游休闲类、养生健体类等产品。

“十三五”期间（2016～2020年），张家界在继续发展与完善观光产品、休闲度假产品、文化旅游产品、观光休闲度假复合产品外，大力发展健身休闲体育旅游、医疗旅游、森林旅游、具备地域特色的民族村寨、古村古镇为核心的旅游小镇，养生、养老、养心等养生旅游产品，利用“张家界地貌”开发探索、探险、探秘、游乐、新奇等探索性的旅游新产品，开发与完善商务旅游、会议会展、奖励旅游等商务旅游产品，以及以地方特色为代表的商业街区旅游等旅游产品，以实现丰富与完善的张家界旅游产品体系。

（二）客源市场的转型

2011～2015 年，立足国际国内旅游形势的变化和旅游市场竞争的实际，准确把握现代旅游发展趋势和规律，转变观念，重塑张家界旅游新概念，整合包装新产品，强力推进宣传促销。国际市场营销采取打包整合方式，利用国际旅游展销会等国际上影响较大展销平台，注重与黄山、桂林、三亚等自然风景名胜区和凤凰、贵州、云南等民俗文化开展整体促销，重点开拓东南亚、日本、韩国、欧洲、美国、俄罗斯市场。主动加强与国际航空公司、客源国旅行社的合作，实现境外宣传的落地化和常态化。国内市场营销坚持开展媒体营销，不断制造在国内具有轰动效应的兴奋点，创新开展旅游宣传促销。加快石英砂岩峰林地貌的更名与定性认证工作，积极争取“张家界地貌”作为专有名词进入教科书或词典。

2016～2017 年始终坚持提质升级的发展战略，稳定传统客源市场，开发新兴旅游市场，搞活自助游、户外休闲游、银发游等特定客源市场。第一，客源区域结构的转型。“十三五”期末，接待境外游客（含港澳）占接待过夜人次的比重达到 20% 以上，接待外国旅游人次达到接待境外旅游人次的 70% 以上。国内旅游市场覆盖全国大中城市。国内客源市场继续巩固珠江三角洲、长江三角洲、环渤海地区和湖南周边市场，大力开拓成都、重庆为主的西南市场，争取国内旅游市场全覆盖。境外客源市场稳定韩国市场和中国港澳台市场，加快开发新马泰为主的东南亚市场，打开俄罗斯、东欧市场，开拓欧美市场。第二，客源旅游方式结构的转型。在团队游市场下滑，散客市场迅速崛起的背景下，要大力开发散客旅游市场，争取自驾游等形式的自助旅游者比重达到 50% 以上。第三，客源旅游目的结构的转型。在稳定观光旅游市场的基础上，积极发展休闲度假旅游，开发修学旅游、户外运动、会展旅游、商务旅游等专项特色旅游市场。

（三）管理体制的转型

“十二五”期间，积极创建张家界旅游城市综合改革试验区，进一步理顺旅游目的地的行政管理体制，配套完善旅游目的地的要素和功能，探索旅游市场化运行和市场监管的有效机制，研究并实施加快旅游发展的政策措施，建立与现代旅游发展规律相适应的体制机制，带动区域经济、社会、文化全面协调可持续发展。旅游城市综合改革的重点包括三个方面：一是重点解决旅游目的地旅游产业发展行政管理体制问题，建立旅游目的地行政管理协调统一的大旅游工作格局；二是重点解决旅游市场运行中散乱问题，建立有效配置旅游要素资源的市场机制、运行科学规范的现代体制，增强旅游目的地的市场安全性；三是重点解决旅游产业政策不配套问题，建立土地供给、城市配套、投资融资等与旅游目的地发展需求相适应的政策支持机制。通过有重点的旅游城市综合改革，探索出中国中西部地区具有示范效应的国际旅游目的地建设与治理的新道路。

张家界“十三五”旅游规划中曾指出，张家界市旅游管理体制的弊端主要表现为：管理机构臃肿，管理模式混乱。核心景区分别由武陵源区政府和张家界国家森林公园管理处（以下简称“张管处”）共同管理，武陵源区政府又加挂风景名胜区管理局牌子。索溪峪（含黄龙洞、宝峰湖）、天子山、杨家界景区由武陵源区政府经营管理，黄石寨、金鞭溪、鹞子寨、袁家界四大景区由张管处经营管理，从而形成了核心景区独具特色的区处分割、“一分为二”的双重管理体制。武陵源区政府和张管处行政级别相当，实际履行的管理职能相近。武陵源区政府管理的景区设有 3 个景区办事处、3 个自然保护区管理局和 1 家旅游产业公司等管理经营单位；张管处虽然在行政上隶属武陵源区，但事实上张管处设置了相对完整的职能科室，并在 4 大景区设有 4 个景区管委会，在管辖区域进行独立的经营管理。同时，一些法定职权部门如工商、环保、食品卫生和规划等又没有完全进到景区，损害了景区资源管理的完整性、统一性和执法的严肃性，影响到了旅游管理和服务质量的进一步提升。

2016～2017年坚持传承借鉴，要善于总结已经被实践证明是行之有效的好做法，善于借鉴其他国家和城市在发展旅游业方面的好经验，善于把改革创新作为解决矛盾问题、促进旅游业发展的基本方法和主要手段。围绕影响旅游发展的重点领域，积极推进体制改革和机制创新，着力培育旅游市场主体，以景区（点）所有权、管理权和经营权分离为突破口，推动企业改革改制，培育、组建跨地区、跨行业的大型旅游企业集团，充分发挥企业在旅游产业发展中的主体作用，解决旅游发展中的深层次矛盾和问题。突出推进自主创新，抓住调整旅游产业结构和转变旅游经济增长方式两个关键，转变发展观念，创新发展模式，提高发展质量，建设旅游创新型城市。

1. 完善武陵源核心景区管理体制改革

按照“政事分开、政企分开、事企分开、局处合一”的原则，落实和完善武陵源核心景区管理机构和体制，组建张家界市武陵源风景名胜区管理局，积极申报国家公园，理顺景区管理体制，实现核心景区旅游资源一体化管理。

2. 改革旅游行政管理体制

进一步完善旅游工作委员会工作机制，研究设立旅游发展委员会，集中行使旅游行政管理职能，建立健全旅游联合执法和综合执法机制。

3. 建立智慧旅游管理体系和机制

建立健全国市、县区旅游应急指挥平台，提升旅游应急服务水平。完善在线行政审批系统、产业统计分析系统、旅游安全监管系统、旅游投诉管理系统，建立使用规范、协调顺畅、公开透明、运行高效的旅游行政管理机制。

4. 发挥旅游行业协会的自治自律作用

旅游行政管理部门主动谋划，积极探索新形势下指导行业协会发展的新途径、新方式。要把行业协会监督会员作为行业管理的第一道关口，支持和鼓励行业协会强化行业自律。要建立旅游部门和行业协会的定期沟通机制，引导行业协会多了解会员在发展中的需求和面临的困难，主动听取行业协会的意见和建议，将行业协会反馈的诉求充分纳入法规和政策制定之中。对目前条件下仍然需要行政机关开展评定的事项，要转变方式，规范运作，提高实效，不宜简单转移给协会；对于协会开展的各种评定活动，要加强监督和规范，防止不负责任的“牌子满天飞”。

（四）人才队伍建设的转型

2011～2015年，大力开展岗位培训，提高从业人员整体水平。重点培训和引进外语人才。选送外向型人才到旅游发达国家培训，引进主要客源国的人员到旅游窗口单位工作。加强人才培训基地建设。

2016～2017年坚决实施《张家界中长期旅游人才发展规划》（2013～2020年）的要求，到2020年，张家界市要实现“百千万”旅游人才培养目标，即重点培养100名旅行社经理、100名景区（点）经理、100名旅游宾馆饭店经理、5000名导游，旅游人才总量达到2万人左右。为此要张家界市全面实施旅游人力资源保障计划，把引进高层次人才与加强从业人员教育培训结合起来，提高旅游从业者整体素质。进一步引进高层次旅游专业人才，建立多层级旅游人才队伍。采取多种形式，加大旅游服务人员培训力度，提高旅游服务质量。采取科学灵活的教育培训机制，全面推行旅游从业人员职业资格认证制度，加强服务技能培训和服务礼仪培训，为张家界市旅游发展与改革奠定坚实的人才基础。

（五）服务体系的转型

2011～2015年，一是加强了旅游市场监管。开展了“平安满意在张家界”旅游市场专项整治活动，针对强迫消费、追客赶客、假冒伪劣、价格欺诈等问题违法违规行为开展整治，制定了《平安满意在张家界旅游市场专项整治工作方案》，出台了《色情敲诈投诉处理制度》《旅游投诉处理工作机制》《旅游市场联合执法工作机制》《旅游应急救援工作机制》等工作制度，形成了齐抓共管旅游市场的社会氛围。二是创新旅游管理方法，提高旅游管理水平，通过“一诚通”旅游目的管理系统，加强对旅游分档管理，各部门调度“吃、住、行、游、购、娱”各要素的管理，“一诚通”系统在实现对导游、旅行社、旅游车辆、旅游酒店及餐饮管理功能后，根据《中华人民共和国旅游法》（以下简称《旅游法》）的要求，已经成功开发景区游览预约，控制景区游客流量，缓解景区排队功能和利用手机市场旅游执法功能。三是推进公共服务水平的提高。2012 年，“安导通”项目落户张家界。“安导通”的使用有助于游客搜索了解旅游目的地的相关信息；有助于导游管理与服务游客；有助于景区工作人员发布景区预警信息、安全提示、调查问卷与搜救等；有助于商家发布信息，实现自身服务推广。此外，对城市、景区的标识标牌进行标准化、个性化的制作与投放，便于游客旅行。2014 年，张家界市又投入 500 万元建设了旅游官网平台项目，并创建了智慧旅游平台，服务游客的“安导通”信息化产品已在试运行。四是宣传《旅游法》。印制了上万册《旅游法》口袋书和《旅游法知识百问》资料，邀请全国人大和北京二外的专家进行《旅游法》专题讲座，举办了《旅游法》系列培训班，根据《旅游法》的要求对“一诚通”管理系统进行了调整。五是加强旅游企业和员工的管理。如加强了旅行社、饭店、导游人员的管理。张家界市中国旅行社获得赴台组团旅游资质。拟订了《旅行社管理体制改革意见》《关于规范导游人员劳动关系的指导意见》《关于张家界市旅行社服务网点规划布局意见》。完成了湘投阳光酒店评定五星级工作。组织全市星级饭店开展节能减排、绿色饭店创建活动，举办了 2013 年全省旅游饭店服务技能大赛张家界选拔赛，选出 13 名选手参加省级决赛；推荐的 3 家旅行社和 1 家饭店被评为“市长质量奖”。对 60 家旅行社服务网点进行了集中检查，完成了 21 家旅行社驻外办事处改设分社工作，全市旅行社实现 100% 投保责任险和团队意外险。六是大力实施标准化管理。发布了地方性标准《旅游家庭旅馆基本条件与评定》《张家界社会饭店分级与评定》，以天门山景区等单位为试点，完善工农业休闲示范点、旅游购物示范点等标准。黄龙洞获得国家工商总局中国驰名商标认定，成为张家界首家中国驰名商标，填补了湖南省旅游景区没有中国驰名商标的空白。

但存在着旅游公共服务供给中还存在前瞻性不足的典型特征，主要表现在：第一，交通、上下水、供电、供暖，通讯、通邮等，还未形成一种网络系统，桥梁、隧道、学校、医院、商场等，作为这种网络上的节点还未达到合理布局。第二，因“顶层规划”统筹不到位而不得不在短期内重复施工的现象还比较多。第三，轮次间供给满足需求的区间较短，而不得不频繁升级。基本公共服务设施建设项目施工后，供给满足需求的时间段较短，短期内便需要扩建或重建的现象也大有存在。第四，部分区域配套事项明显滞后，使综合效益无法如愿发挥。

2016～2017 年，张家界以服务游客为出发点，建设服务型政府，进一步强化改善旅游环境、投诉受理、引导游客文明出游等旅游公共服务职能。强化部门协同、区域合作，努力形成大旅游公共服务的格局。基本完善旅游信息咨询服务体系、旅游安全保障服务体系、旅游交通便捷服务体系、自驾游服务体系、旅游便民惠民服务体系五大体系，建立统一领导、分级负责，政府主导、全社会协同，公益性原则和市场化运作相结合的可持续发展的体制机制。

第三节　张家界旅游产业发展战略

一、 产品支撑战略

旅游产品在旅游业中处于核心地位，一个旅游目的地是否受游客热捧，很大程度上取决于旅游产品的知名度与美誉度。张家界在旅游产业升级、建设旅游经济强市的过程中，必须采取产品支撑战略。在自然旅游产品方面，“张家界地貌”是主要的支撑产品；在文化旅游产品方面，两个国家级旅游演出项目《天门狐仙》和《魅力湘西》是主要的支撑产品；在节庆旅游产品方面，森保节、乡村音乐周是传统的主要支撑产品，还考虑推出中国或国际油桐花节，形成节庆旅游产品的“三足鼎立”之势。此外，应继续完善一些旅游辅助产品，一起支撑张家界市整体旅游产品市场。

二、 企业主体战略

企业是国民经济的基本细胞，承担着重要的生产、分配、交换和消费功能。张家界旅游产业的发展必须发挥旅游企业的主体地位，采取企业主体战略，引进世界知名、中国百强企业投资张家界旅游业，加快培育与壮大本土旅游企业。首先，张家界在大力发展旅游产业时要充分发挥本地国有企业的作用，发挥国有企业在社会主义市场经济中的第一主体作用，如张家界市经投公司、张旅集团等。其次，积极引进实力雄厚的民营企业投资发展旅游业，民营企业也是社会主义市场经济中的重要主体。如碧桂园集团、万豪集团、华天酒店管理公司等。最后，进一步加强与大型旅游集团的交流与合作，重点做好与国际知名品牌酒店、全国百强旅行社、大型旅游集团和国内外航空公司的战略合作。

三、 产业融合战略

采取产业融合战略，加快推进旅游产业与相关产业融合发展、互促共赢，优化产业结构、完善产业体系，推进旅游产业向质量效益型转变。促进旅游业与新型工业融合，培育旅游商品产业集群，建设旅游商品产业园区。推进旅游业与现代农业融合，围绕旅游调整和优化农业结构，大力发展城市农业、旅游农业、生态农业和品牌农业。推进旅游业与现代服务业融合，围绕旅游转型升级，大力发展现代物流、商贸餐饮、临空产业、会展业等现代服务业，以及连锁、专卖、特许、电子商务等新型业态，积极发展旅游地产业、旅游金融业，集约发展特色商业企业。推进旅游业与文化产业融合，积极培育文博会展、体育赛事、文艺展演等新型文化业态，进一步提升旅游演艺项目品牌，做大做强文化旅游产业。

四、 目的地品牌战略

区域旅游发展实践表明，区域旅游竞争已经从单一的旅游产品竞争上升为旅游目的地之间的综合性竞争，而旅游目的地间的综合性竞争着重体现在目的地品牌的竞争。因而张家界市在进行旅游转型升级，建设旅游经济强市的过程中必须树立目的地品牌战略，即围绕把张家界建设成为国内外知名的旅游胜地这个目标而进行系列品牌打造。从旅游景区品牌、旅游公共服务品牌、旅游交通、旅行社服务、旅游住宿、旅游娱乐、旅游餐饮、旅游购物等方面着手，打造令游客满意的旅游目的地，树立“张家界世界知名的旅游胜地品牌”。

五、 互联互通战略

“十三五”期间，张家界在发展旅游时应采取互联互通战略，即“互联互通，旅游先通”。张家界在采取互联互通战略时，优先考虑武陵山区域的互联互通，加强武陵山区与其他地市州的联通。在省内采取与湘西州、怀化的互联互通，在联通中相对于怀化的“规模经济”优势与湘西州的“旅游城镇集群”形成的“范围经济”优势，张家界要打造旅游城市品牌；在加强湖南省与重庆市、湖北省的联通，共同打造武陵山生态旅游文化牌，在互联互通中把张家界打造成武陵山区最发达的旅游交通枢纽中心，最具吸引力的旅游目的地和旅游集散中心。

六、 人才强旅战略

根据《张家界中长期旅游人才发展规划》（2013～2020年），张家界市要实现“百千万”旅游人才培养目标，即重点培养100名旅行社经理、100名景区（点）经理、100名旅游宾馆饭店经理、5000名导游，旅游人才总量达到2万名左右。为此要张家界市全面实施旅游人力资源保障计划，把引进高层次人才与加强从业人员教育培训结合起来，提高旅游从业者整体素质。进一步引进高层次旅游专业人才，建立多层级旅游人才队伍。采取多种形式，加大旅游服务人员培训力度，提高旅游服务质量。采取科学灵活的教育培训机制，全面推行旅游从业人员职业资格认证制度，加强服务技能培训和服务礼仪培训，为张家界市旅游发展与改革奠定坚实的人才基础。

第三章 张家界核心景区武陵源客源市场时空分异规律研究

第一节　核心景区武陵源及武陵源区旅游概况

一、张家界武陵源核心景区地理、研究现状概况

张家界武陵源核心景区（以下简称“景区”）位于湖南省西北部、张家界市中部的武陵源区，处张家界市永定区、慈利县、桑植县交界处，距省会长沙约400公里。景区是张家界的核心景区，由张家界国家森林公园和索溪峪自然保护区、天子山自然保护区、杨家界风景区组成，总面积397.58平方公里，其中核心地域217.2平方公里、缓冲区174平方公里，建设区6.38平方公里。景区属于砂岩峰林地貌，素以“峰奇、谷幽、水秀、林深、洞美”著称，1992年被列入《世界自然遗产名录》，2004年被列为国家首批世界地质公园，2007年被列入首批国家5A级旅游景区。2010年，武陵源的石英砂岩峰林地貌被国际地质学术组命名为“张家界地貌”。

景区作为张家界市“三星拱月，全域旅游”发展新格局中闪耀之星，在张家界旅游市场中占据重要地位。据张家界武陵源区旅游、统计部门数据显示，2017年清明小长假，张家界核心景区武陵源接待游客34.98万人次，同比增长93.88%；一次进山4.08万人，同比增长51.54%；实现旅游收入2亿元，同比增长118.46%，实现了旅游客源和旅游收入的双增长。但根据现有对景区的研究总结发现多集中于生态旅游，很少涉及国内客源市场，也就黄磊等（2016）对景区客流时空分布数据进行了采集，创建了时空和专题特性的空间数据库，探寻其时序上与空间上的变化规律，提出优化其人地关系中客流分布差异问题的方

案。基于此，本书根据 2010 ~ 2016 年来景区旅游的国内 31 个省份旅游人数，采用竞争态模型的占有率和增长率两个指标反映景区的总体发展趋势，采用聚类分析对各客源市场进行定位，并且进一步分析原因，从而提出景区的国内各客源市场发展策略，为旅游市场的可持续发展提供参考和借鉴。

二、 武陵源区旅游概况及数据来源

（一）武陵源区旅游概况

武陵源区属于张家界市两县两区的其中一区，旅游资源丰富，风景优美，民族风情也十分浓郁，武陵源区现拥有中国第一个国家森林公园、中国第一批世界自然遗产、中国第一批世界地质公园、中国第一批优秀旅游城市、中国第一批国家 5A 级旅游区等多项桂冠，包含有吴家峪口、天子山、杨家界、袁家界、黄龙洞、宝峰湖、紫霞观等众多旅游景点。其中张家界武陵源核心景区是武陵源区主要的旅游景区。

根据张家界统计年鉴的武陵源区旅游人数和门票收入的相关数据可以得出，武陵源区的旅游人数和门票收入呈现不同程度的增长，旅游人数呈现波动式增长（见图 3 - 1）。在 2003 年、2008 年、2013 年出现了波动，

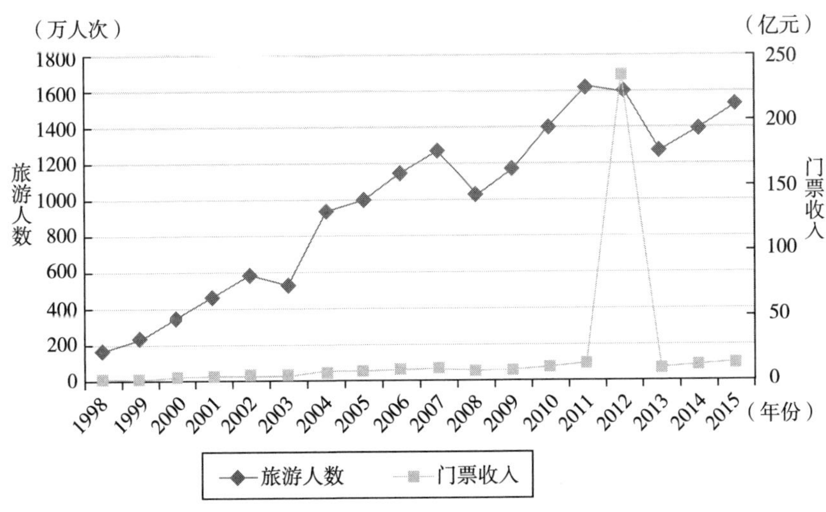

图 3 - 1　1998 ~ 2015 年武陵源区旅游人次与门票收入变化

2003 年的非典全面爆发；2008 年经济危机的影响以及北京奥运会的举办；2013 年受 2012 年经济危机的影响，经济发展尚未复苏。除此之外的其他年份旅游人次都出现不同程度的增长趋势。

门票收入的增长则呈现快速升降趋势，1998 ~2011 年一直处于缓慢增长的状态；2011 ~2012 年，门票收入明显增长；2013 年出现了剧烈下降；2014 年、2015 年这两年门票收入基本与 2011 年门票收入持平。分析原因，受 2013 年经济危机的影响，旅游人数的减少，进而造成门票收入的骤降，所以门票收入出现了很明显的波动。

旅游人数和门票收入的波动均体现了旅游业发展的脆弱性和波动性，不过在总体上，武陵源区的旅游人数和门票收入均呈现增长趋势。

（二）数据来源

本书主要研究数据来源于张家界市统计局、张家界市旅游局、武陵源区旅游和统计部门，张家界国家森林公园管理处。

第二节　核心景区国内客源市场竞争态模型及聚类分析

一、景区国内旅游客源市场竞争态模型

旅游市场竞争态是指旅游目的地各客源市场在市场占有率（A_i）和市场增长率（B_i）两个指标作用下，所表现出的状态特征，记为 Ω_i（A_i，B_i）。

$$A_i = \frac{X_i}{\sum_{i=1}^{n} X_i} \times 100\% \tag{3-1}$$

$$B_i = \frac{X_i - X_{i-1}}{X_{i-1}} \times 100\% \tag{3-2}$$

其中，X_i 为景区 i 客源市场 i 年的游客数量；$\sum_{i=1}^{n} X_i$ 为 i 年景区国内游客数量总和；X_{i-1} 为 i 客源市场来景区上年的游客数量。

在旅游市场分析中，市场占有率 A_i 反映了在激烈的市场竞争中所占据的地位和实力，即“蛋糕”分割中所占的份额；市场增长率 B_i 反映的是激烈市场竞争中所表现出来的发展潜力，即当年较上年增长率。两者构成了市场分析和预测中的核心变量。给定一对合适的划分标准（a，b），依据各分市场占有率和增长率，可以将区域旅游市场划分为明星市场、金牛市场、幼童市场和瘦狗市场4种类型，它们分别处于由占有率和增长率所圈定的4个象限内（见图1－1）。

同时以市场占有率的平均值确定为 a，以市场增长率的平均值确定为 b。各类市场划分依据、基本特征及战略抉择如表1－1所示。

二、景区国内旅游客源市场的竞争态结果及具体分析

（一）景区国内旅游客源市场的竞争态结果

根据2010～2016年来景区旅游的各省份旅游人次的数据，对这个时间内景区国内旅游客源市场进行分析，以每年国内各主要客源市场旅游人次所占市场份额为占有率，以两年间各主要客源市场的旅游人次变化率为增长率，计算得出2010～2016年每一年的 A_i，B_i 的具体数值，通过计算得出表3－1数据。

表3－1　2010～2016年景区国内旅游客源市场占有率和增长率　单位：%

数值	2010年	2011年	2012年	2013年	2014年	2015年	2016年
A_i	3.23	3.23	3.23	3.23	3.23	3.23	3.23
B_i	—	42.29	－5.89	－20.72	2.71	20.07	7.12

注：B_i 由于缺少2009年相关数据，2010年增长率缺失，所以数据竞争态格局为6年。

根据表3－1中 A_i 和 B_i 的数值变化，经过分类划分，得出2010～2016年景区国内客源市场在竞争态格局中分布情况，见表3－2。

表 3-2　　2011~2016 年景区国内旅游客源市场在竞争态格局中的分布情况

省份	明星市场	金牛市场	幼童市场	瘦狗市场	省份	明星市场	金牛市场	幼童市场	瘦狗市场
湖南	3	3	—	—	四川	—	—	4	2
广东	1	5	—	—	辽宁	1	—	3	2
江苏	4	2	—	—	山西	—	—	2	4
山东	2	4	—	—	甘肃	—	—	2	4
北京	1	5	—	—	云南	—	—	2	4
上海	3	3	—	—	内蒙古	—	—	1	5
浙江	3	3	—	—	河北	1	—	1	4
湖北	2	1	1	2	吉林	—	—	4	2
广西	—	—	3	3	黑龙江	—	—	3	3
安徽	—	—	3	3	海南	—	—	2	4
福建	—	—	4	2	贵州	—	—	4	2
河南	4	1	—	1	青海	—	—	1	5
重庆	2	—	1	3	宁夏	—	—	3	3
江西	—	—	1	5	西藏	—	—	1	4
陕西	3	1	—	2	新疆	—	—	1	5
天津	—	—	2	4					

注：（1）西藏在 2015 年景区游客人数统计中为 0，2016 年竞争态势中西藏的市场增长率无法计算，所以只有 5 年竞争态势分布格局。（2）新疆的旅游人次包含了新疆建设兵团的数据。

（二）景区国内旅游客源市场的竞争态结果具体分析

通过表 3-1 和表 3-2 看出景区国内旅游客源市场在竞争态格局变化中具有一定的规律，具体规律有：

第一，各客源市场的竞争态势格局在 6 年期间有所变化，出现了竞争态势转移。具体来说 31 个省份在 6 年的竞争态格局分布中，没有出现单一市场转移，如都是明星市场，各客源市场都出现了竞争态转移。

第二，湖南、广东、江苏、山东、北京、上海、浙江在 6 年期间凭借较高的市场占有率和增长率基本处于竞争态格局中明星市场和金牛市场，明星市场和金牛市场组成了竞争态分布格局。

第三，河南在2011年、2012年、2015年、2016年居于明星市场，2014年居于金牛市场，只是在2013年出现了波动，居于瘦狗市场。陕西省在2012~2014年处于明星市场，其他年份2次处于瘦狗市场，1次处于金牛市场。湖北和重庆2次居于明星市场。这些省份发展具有波动性，但明星市场格局占大多数。

第四，辽宁和河北在2011~2016年，两省在竞争态格局中只有1次处于明星市场，5次处于幼童市场和瘦狗市场。幼童市场和瘦狗市场格局占大多数。

第五，广西、安徽、福建、江西、天津、四川、山西、甘肃、云南、内蒙古、吉林、黑龙江、海南、贵州、青海、宁夏、西藏、新疆在6年（西藏是在5年）中分别以低占有率、高增长率和低占有率、低增长率在竞争态格局中的幼童市场和瘦狗市场之间变换。

三、 景区国内旅游客源市场聚类分析

结合各客源市场的实际情况，以景区2010~2016年统计人数，运用SPSS20.0软件，对景区的31个国内客源市场进行聚类分析如图3-2所示。

从图3-2中可以得出，2010~2016年，景区国内客源市场中，湖南、广东为第一级，浙江、北京、上海、江苏为第二级，河南、山东、陕西、湖北为第三级，其余（河北、重庆、辽宁、福建、四川、云南、安徽、广西、贵州、甘肃、内蒙古、江西、山西、天津、吉林、黑龙江、西藏、新疆、宁夏、青海、海南）为第四级，这些结论与竞争态结果基本保持一致。

无论是竞争态结果还是聚类分析的结果，同时表现着景区的客源市场总体范围基本覆盖全国，但重点市场占有较少比例，旅游市场的波动性特征明显，更容易受到重点市场经济等多种因素的影响，从这个角度来说，景区目前的客源市场的格局和市场的等级划分不利于景区的可持续健康发展。

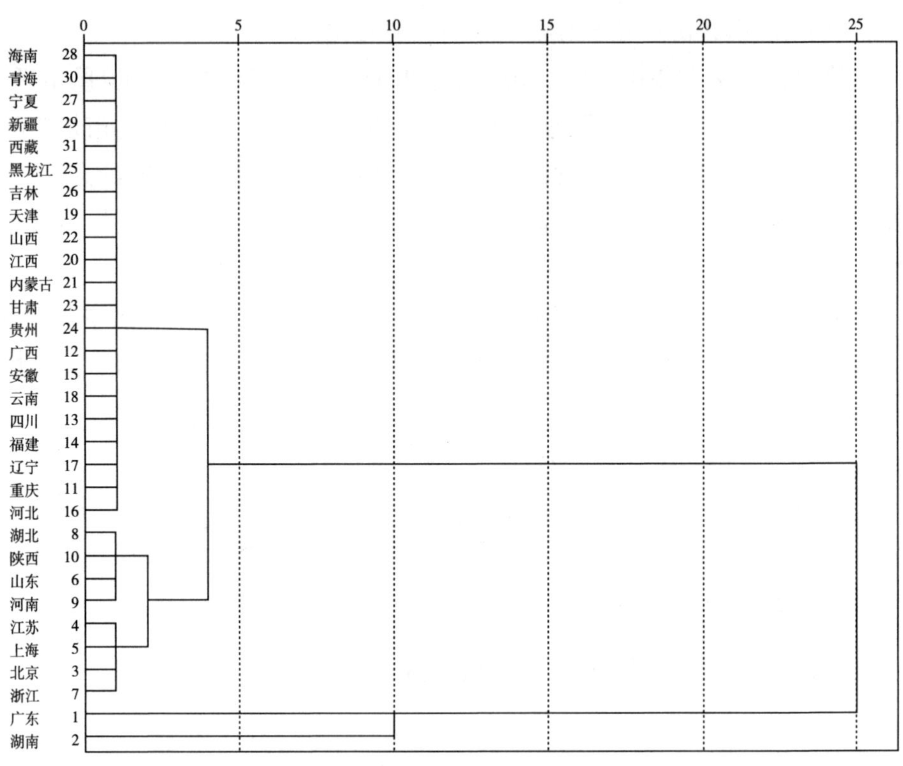

图 3－2 景区的 31 个国内客源市场的谱系

第三节 核心景区国内客源市场竞争态格局和市场等级形成的原因

一、受景区独特的地貌的影响

武陵源独特的石英砂岩峰林属国内外罕见，因这种地貌在张家界分布较广，2010 年这种独特的地貌也被命名为“张家界地貌”。景区的石英砂岩峰林地貌有几个特点：一是石峰石柱状物拟人摹兽，个个形神兼备，壮丽神奇变幻莫测。二是山峰众多而且密集，真正成“峰林”，名不虚传。三是分布范围广而连成一气，峰峦有如林海。四是在峰林之海里面，沟壑纵横交错，配合峰林构成美丽的图案。五是水丰林茂，涌青叠翠，把石峰石柱衬托得更加绚丽多姿。由于这种地貌科学内涵丰富，自然生态和美学观赏价值高，武陵源核心景区也就成为重要的地质、地理科普教育基地和绝佳的自然游览休闲胜地，这种独特的地貌成为吸引全国游客来景区旅游的基础，也因此，景区的客源遍布国内大多数省份，甚至距离景区较远的西藏、新疆都有游客前来游览。

二、受景区与客源市场两者之间距离的影响

王家骏在 1997 年以无锡市居民为调查对象，调查他们对一些旅游目的地的感知机会和可达机会，结果表明：旅游者的可达机会随距离增加而急速衰减。

在 1997 年，吴必虎等在《中国城市居民旅游目的地选择行为研究》[①] 中指出一个城市的出游市场 37% 分布在距城市 15 公里的范围内，24% 的市场分布在 15 ~ 50 公里范围内，21% 分布在 50 ~ 500 公里内，500 公里以外的广大空间，仅分割了城市出游市场的 18% ，其中 500 ~ 1500 公里占 12% ，1500 公里以外占 6% 。根据这一结果，推导出中国城市居民旅游和休闲出游市场，随距离增加而衰减；80% 的出游市场集中在距城市 500 公里以内的范围内。

保继刚也在《旅游地理学》[②] 旅游者的决策行为中也指出“1 小时车程距离”和“3 小时车程距离”是影响旅游者决策的重要因素，同时也是划分一级客源市场和二级客源市场的重要依据。距离越长，客源地与旅游目的地产生相互作用的阻力越大，具有空间组织的距离衰减规律。

景区的一级、二级、三级、四级客源市场的分布基本上符合距离衰减的规律。具体来看，湖南省、广东省为一级客源市场，景区位于湖南省张家界市，加上张家界属于湖南省重要的旅游城市，因此景区对湖南省的吸引力是最大的，广东省由于与湖南省毗邻，景区对广东省还是有

---

① 吴必虎等．中国城市居民旅游目的地选择行为研究［J］．地理学报，1997，64（2）：97 - 103.

② 保继刚，楚义芳．旅游地理学［M］．北京：高等教育出版社，1993.

一定吸引力的；二级客源市场和三级客源市场归纳起来，主要集中在华北地区和华东地区，与处在华中地区的景区，同样也受到距离衰减规律的影响；但值得注意的是与湖南省相邻的省份中除了广东省是一级客源，湖北省是三级客源，江西、重庆、贵州、广西都属于四级客源市场。

三、 受客源地经济发展等因素的影响

客源地的经济发展水平是影响游客需求的重要因素，一般来说，经济越发达的地区，旅游需求越多，距离因素的影响会受到旅游目的地旅游资源特性的影响。最早在 1990 年孙尚清就指出，“国际上有这样的经验统计，当一国人均国民生产总值达到 800 ~ 1000 美元时，居民将普遍产生国内旅游的动机”；2012 年保继刚在《旅游地理学》中也指出，当一国人均国民生产总值达到 800 ~ 1000 美元时，居民将普遍产生国内旅游的动机，达到 4000 ~ 10000 美元时，居民将产生国际旅游的动机，超过 10000 美元时，将产生洲际旅游的动机。

经过分析，按照省中心的经济排名，发现景区的一二三级客源市场基本上包含了北京、上海、广东等一线城市，也包含了江苏、浙江、山东等二线主要城市，这些省份的经济发展速度较快，这些省份的游客出游意愿强烈，人均消费能力强，且较多考虑到旅游目的地的旅游资源的资源禀性，如果旅游目的地的旅游资源具有独特性，观赏价值高，且能很好地契合这些游客的旅游动机，相应地就会削弱距离因素对出游意愿的影响。这在景区四级客源市场的分布中很好地体现出来，四级客源基本上集中于西南地区、西北地区，这些地区受经济发展等因素的影响，来景区旅游的人次较少，且竞争态基本上都是在幼童市场和瘦狗市场之间转移。

四、 受景区的旅游宣传和旅游营销的影响

新媒体的时代，景区一直在做好景区的宣传和营销，科学研判客源市场，精准进行客源地营销，通过政策吸引、活动带动、品牌推广等，吸收精点子、做好精案子、打好精牌子，在营销方式上突出“不一样的张家界”，集中张家界的形象宣传、特色产品宣传、主体活动宣传，实

现了旅游市场的强劲发展。从 2014 年以来针对国内市场推出了以下活动。

第一，举办和组织相关活动或赛事，借其影响扩大景区影响和知名度。例如 2014 年 1 月期间举办千名摄影师聚焦武陵源，这是武陵源建区以来组织规模最大的一次摄影采风活动，被摄影界、旅游界称为史上规格最高的旅游摄影盛宴。同年 7 月，全国皮划艇激流回旋青少年锦标赛决战武陵源，来自辽宁、山东、福建、湖南、广东等省份的 15 支代表队 105 名运动员参赛。2015 年 12 月年张家界武陵源区旅工委邀请上海、广东、浙江、河北等地的电视媒体，在一个月内先后对张家界核心景区武陵源进行了旅游宣传片拍摄。2017 年 4 月举办“2017 中国山地户外健身休闲大会”。

第二，适时推出优惠活动，增强景区吸引力。例如，从 2014 年 12 月 1 日开始，武陵源核心景区实行淡季门票“五五折”（当年 12 月 1 日至次年 2 月底），普通票一票四天有效和 298 元/人次的年票三大优惠，这是武陵源核心景区有史以来面向全球游客最大范围的门票“福利”。2017 年 3 月 8 日当天，武陵源核心景区面向全球女性游客免票开放。这是世界自然遗产地武陵源首次面向全球女性游客免费开放。

第三，打造属于自身宣传的平台。从自身出发，2014 年推出武陵源宣传“四件宝”——新版《张家界核心景区武陵源手绘图》《畅游武陵源》、移动风光 U 盘、武陵源风光画册宣传，成为宣传武陵源的重要平台。借助外力方面，针对暑期庞大的高铁游客群体，武陵源区旅游局再次与高铁合作，在高铁刊物大篇幅推介武陵源世界自然遗产绝版风光，在高铁沿线客源市场引起较好反响。借助中央电视台的宣传，中央电视台新闻频道《江山多娇》栏目又将镜头聚焦张家界武陵源核心景区，借以扩大景区的知名度。2017 年景区又提出多渠道抓好宣传营销，进一步提高知名度、美誉度等多项活动。

第四，“抱团式营销”策略，合力拓展客源市场。2014 年由武陵源区人民政府牵头组织的“大美张家界·共筑闽湘情”的福建客源地市场旅游促销推介会在福州举行。武陵源、张旅集团、天门山、黄龙洞、张家界魅力湘西、张家界世界地质公园博物馆等张家界主要景区（点）共同参加了本次集中营销推介。充分展示了张家界丰富的山、水、洞、湖、峡谷、演艺等旅游资源及民俗风情，是历届客源地市场宣传促销规模最大、景区参与最多、营销力量最庞大的一次“抱团”营销行动，在福建旅游界引起广泛关注。

第四节　核心景区国内客源市场提质升级结论和建议

一、景区国内客源市场研究结果

第一，根据1998～2015年数据做出的统计图（见图3－1）看出武陵源区的旅游人次和旅游收入都有所增长，虽然受到经济危机等多种其他因素的影响出现波动，但总体上武陵源区的旅游人次和旅游收入呈现的是增长趋势，根据18年的旅游人次和旅游收入的走势来推测武陵源区的旅游发展将呈现继续发展的局面，位于武陵源区的武陵源核心景区也将迎来旅游发展的新局面。

第二，根据2011～2016年的景区国内各客源市场的竞争态格局分析看出，31个省份在6年的竞争态格局中总体呈现明星市场和金牛市场占据少数，幼童市场和瘦狗市场占据多数，且各客源市场的竞争态格局都发生了竞争态转移。从具体来看，景区的各客源市场竞争态发展差异明显，如湖南、广东明星市场和金牛市场组成了6年的竞争态分布格局；西藏、新疆幼童市场和瘦狗市场组成了6年的竞争态分布格局。

第三，根据2010～2016年景区旅游人次进行聚类分析，从而划分了景区的国内客源市场的等级，湖南、广东为一级客源市场；浙江、北京、上海、江苏为二级客源市场；河南、山东、陕西、湖北为三级客源市场，其余均为四级客源市场。

第四，旅游资源的独特性、旅游客源地与旅游目的地之间的距离、旅游客源地的经济发展等因素、旅游目的地营销策划都会影响景区的客源市场的竞争态格局分布。

二、景区国内客源市场提质升级的建议

（一）继续扩大对一级市场的影响力

湖南、广东市场由于在竞争态格局由明星市场和金牛市场组成，在

聚类分析中，是景区的一级客源市场，因此，湖南和广东是景区的国内客源市场的重点市场。

对湖南和广东的策略，需要继续扩大景区的知名度和影响力，提高景区的服务质量，注意口碑效应的树立和推荐意愿、重游意愿、重游率的提高。根据2010~2016年景区的湖南和广东旅游人次总和来看，景区的湖南旅游人次总和约为230万人次，景区的广东旅游人次总和约为144万人次，可以看出景区在湖南和广东有一定的市场基础，这得益于景区处于湖南，又与经济发达的广东的毗邻的地理优势，景区在未来的发展过程中，继续发挥这个得天独厚的地理优势，加大景区在湖南和广东的影响力和知名度，同时要注意提高服务质量。根据搜集携程攻略、去哪儿网、驴妈妈等各大旅游网站中的网友对景区的点评，可以看出景区目前还存在景区内部一些工作人员服务态度较差，一些黑导游和黑司机利用游客对景区的了解信息的不全面等情况实施欺骗甚至恐吓等现象，这些现象严重影响了游客的感知体验，进一步搜索可以发现凡是有欺骗经历的游客对景区的评价都不太高，打分基本上都处于较低水平，推荐意愿和重游意愿也较低。为此景区要提高服务质量，加强对旅游从业人员管理和培训，制定相关行为规范，进行严格的服务质量的奖惩政策，倡导特色服务和细节服务，从而树立起口碑，提高游客的推荐意愿、重游意愿、重游率。

（二）进一步挖掘二三级客源市场的潜力

浙江、北京、上海、江苏、河南、山东、陕西、湖北市场由于在竞争态格局中明星市场和金牛市场虽然占有一定比例，但其中一些市场出现了波动，出现了瘦狗市场或幼童市场，市场竞争态发生了多次转移。在聚类分析中，这些市场属于第二级和第三级客源市场，因此，这些市场是景区的国内客源市场的潜在市场。

对于潜在市场的策略，景区要开展有针对性的营销策略，做好宣传和促销工作，利用景区独特的石英砂岩地貌作为营销主题，提高景区在这些市场的知名度和吸引力。这类市场包含了北京、上海、浙江等一些经济比较发达的城市，客源市场的游客拥有更强烈的出游欲望，具有更大的消费能力，因此需要用宣传刺激这些游客的出游欲望。在营销创新上，可以借鉴张家界其他景区的营销经验，张家界大峡谷玻璃桥的全球征名活动可以说是营销创新成功的例子，张家界大峡谷风景区于2015年12月21日向全球发布了“一字奖一万元”的征名公告，不到3天，张家界大峡谷景区官方微信平台增加了粉丝量达20万人，每天超过万余网友注册参与征名。除在微信平台参与征名外，国内外许多网友还写信到张家界大峡谷景区，诠释命名的由来，张家界大峡谷玻璃桥瞬间成为全球关注的焦点。景区还可以加大旅游营销力度，注重营销方式创新。开展有针对性的系列旅游宣传营销活动，综合运用多种渠道，线上宣传与线下活动相呼应；摄制系列主题旅游宣传短视频并通过国内视频网站等新媒体进行广泛传播，营销话题，提高景区在这些市场的知名度和吸引力。

（三）景区加强交通基础设施建设，降低机会市场的影响因素

国内客源市场的其余省份由于在竞争态格局中处于幼童市场或瘦狗市场的占据了大部分，市场竞争态基本上都是在幼童市场和瘦狗市场之间发生了转移。在聚类分析中，这些市场属于四级客源市场，因此，这些市场是景区的国内客源市场的机会市场。

对机会市场的策略，景区联合张家界市政府加强基础设施建设，缩小距离因素对旅游人次的影响。这些市场集中于东北地区、西南地区、西北地区，这些地区与位于华中的湖南省距离较远，受旅游客源地与旅游目的地之间的距离因素影响较大，这些市场的游客有出游的意愿也会因距离的因素而放弃，因此，景区面对机会市场的策略是加强自身的基础设施尤其是交通问题。交通，对于未来张家界旅游，是一个“瓶颈”，这是张家界旅游发展面临的问题，虽然经过多年的发展，张家界的交通早已改头换面。但目前，还存在着张家界的火车开通的线路有限，高铁还在建设过程中，国内飞机航线航班不够等众多难题，景区对这些机会市场要联合张家界市政府加大基础设施尤其是交通设施的投入，按照“整体、整合、整理”的思路，以交通一体化、城市圈同城化、出行多样化、机动化、基本服务均等化为发展方向，构建安全、舒适、快捷的综合交通体系，建立起旅游交通枢纽体系。为景区旅游发展的可持续发展和旅游客源市场的扩大提供支撑和保障。

第四章 张家界黄金周客源市场变化规律研究

第一节 张家界黄金周客源市场的概况

一、张家界市黄金周旅游概况

张家界市位于湖南省西北部，北纬28°52′～29°48′、东经109°40′～110°20′，总面积9516.03平方公里。因旅游产业蒸蒸日上建市，现今为中国最重要的旅游城市之一。自1999年国务院第一次修订《全国年节及纪念日放假办法》以来，便形成了“春节”“五一”“十一”三个黄金周。随着旅游业在张家界的蓬勃发展，黄金周旅游更显得尤为主要。张家界历来以风景秀美、奇险高绝闻名中外，利用黄金周时期游览张家界更是一度成为热潮。从1999年出台政策至今，已出现44个黄金周。图4－1为根据《张家界统计年鉴》和张家界市国庆假日旅游统计信息中心公布的数据整理而成的。从时间维度上看，张家界市黄金周的旅游人数自1999年黄金周实行以来就基本处于增长状态，且黄金周旅游是一个巨大的消费市场。

根据图4－1，本书依据产品生命周期各个阶段，将张家界市黄金周历年旅游人数汇总并划分为三个阶段。1999～2003年称为黄金周的起步期，其中2003年“五一”黄金周受到SARS危机的影响，旅游人数受到很大冲击；2004～2008年称为黄金周成长期，2008年由于受冰冻灾害的影响，灾后旅游宣传滞后，游客数量和旅游收入均有明显下降；2009～2018年称为黄金周成熟期。为延缓张家界市黄金周衰退期的到来，管理部门分别对“春节”“五一”“十一”黄金周做细致分析，并提出相应对策，从而延长张家界市黄金周成熟期。

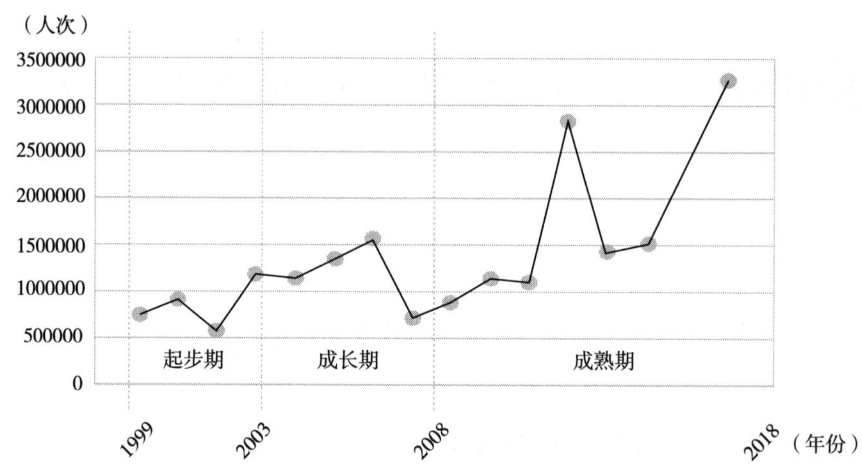

图 4－1 黄金周旅游人数趋势

二、“春节”黄金周旅游客源市场分析

表4－1为张家界市“春节”黄金周旅游统计表，列举了2001～2017年“春节”黄金周接待游客人数及旅游收入。

表 4－1 “春节”黄金周旅游统计

年份	旅游人数（人次）	比上年同期增长率(%)	旅游收入（万元）	比上年同期增长率(%)
2001	61886	—	2253	—
2002	89217	44. 16	3261	44. 74
2003	110353	23. 69	4616	41. 55
2004	167740	52. 00	6152	33. 28
2005	125860	－24. 97	5244	－14. 76
2006	186324	48. 04	7549	43. 95
2007	280112	50. 34	12140	60. 82
2008	76657	－72. 63	6694	－44. 86

续表

年份	旅游人数（人次）	比上年同期增长率（%）	旅游收入（万元）	比上年同期增长率（%）
2009	159554	108.14	9800	46.40
2010	230124	44.23	10600	8.16
2011	252500	9.72	13500	27.36
2012	199645	-20.93	14800	9.63
2013	328500	64.54	17200	16.22
2014	471900	43.65	20400	18.60
2015	626400	32.74	43700	114.22
2016	1051200	67.82	81000	85.35
2017	1249900	18.90	104400	28.89

资料来源：根据《张家界统计年鉴》和国庆节假日旅游统计信息中心发布的数据整理而成。

图4-2为“春节”黄金周旅游人数和旅游收入变化图，由图4-2可以看出，自2001年至2017年，张家界市“春节”黄金周的旅游人数和旅游收入都呈现逐步上升的趋势，2015年开始旅游收入增长显著。

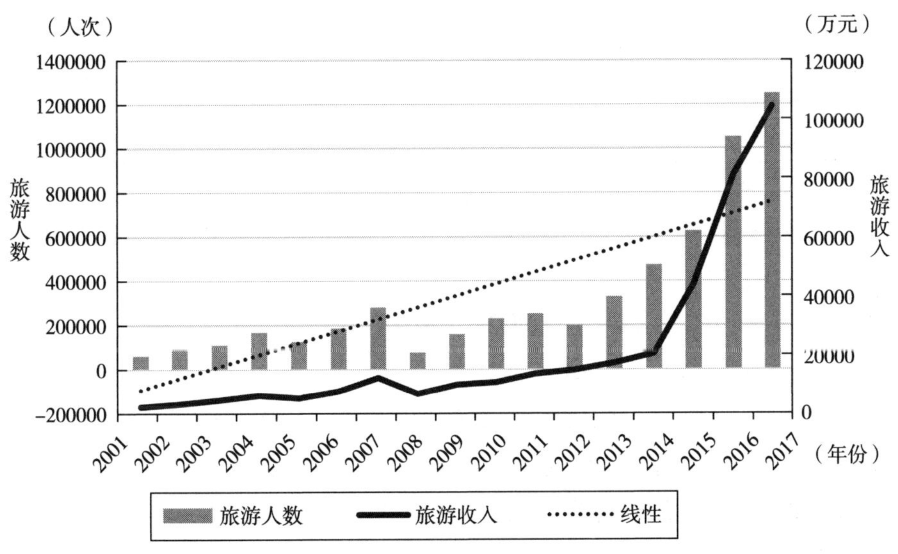

图4-2　“春节”黄金周旅游人数和旅游收入变化

由表4－1可以看出，旅游收入比上年同期增长大致呈缓慢增长。其中，2005年、2008年、2012年旅游人数比上年同期都呈现负增长，2008年尤为突出。

三、“五一”黄金周旅游客源市场现状分析

表4－2为张家界市“五一”黄金周旅游统计表，列举了2000～2007年的“五一”黄金周接待游客人数及旅游收入。

表4－2　“五一”黄金周旅游情况统计

年份	旅游人数（人次）	比上年同期增长率(％)	旅游收入（万元）	比上年同期增长率(％)
2000	398001	—	23323	—
2001	404768	1.70	25807	10.65
2002	432316	6.81	27332	5.91
2003	4673	－98.92	198	－99.28
2004	530892	11260.84	29639	14869.19
2005	475256	－10.48	28725	－3.08
2006	652673	37.33	36476	26.98
2007	685071	4.96	40260	10.37

注：2008年国务院正式取消“五一”黄金周，改为短假期，共3天。

资料来源：根据《张家界统计年鉴》和国庆节假日旅游统计信息中心发布的数据整理而成。

从图4－3中可以看出，2000～2007年，张家界市“五一”黄金周的旅游人数和旅游收入大致呈现增长趋势，2003年因受到SARS危机的影响，旅游人数和旅游收入都受到很大冲击。从表4－2张家界市2001～2007年“五一”黄金周旅游人数和旅游收入比上年同期增长情况，从表4－2可以看出，旅游收入比上年同期增长大致持平。其中2004年旅游人数和旅游收入比上年同期增长显著。

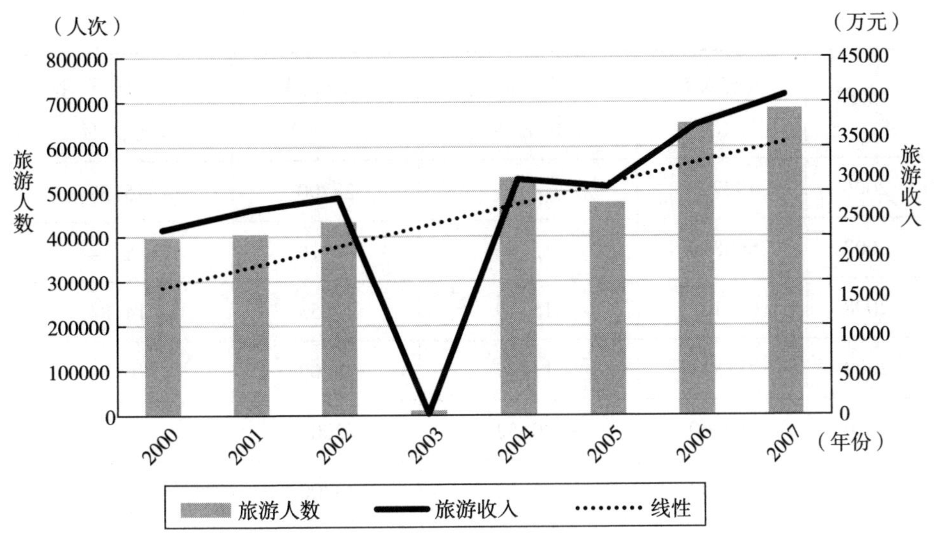

图 4－3　“五一”黄金周旅游人数和旅游收入变化

四、“十一”黄金周旅游客源市场现状分析

表 4－3 为张家界市“十一”黄金周旅游情况统计表，列举了 1999～2016 年的“十一”黄金周接待游客人数及旅游收入。

表 4－3　“十一”黄金周旅游业情况统计

年份	旅游人数（人次）	比上年同期增长率（%）	旅游收入（万元）	比上年同期增长率（%）
1999	283616	—	—	—
2000	237191	－16. 37	14353	—
2001	274181	15. 60	17714	23. 42
2002	391319	42. 72	23286	31. 46
2003	441377	12. 79	26778	15. 00
2004	458591	3. 90	26856	0. 29
2005	517024	12. 74	30335	12. 95

续表

年份	旅游人数（人次）	比上年同期增长率(%)	旅游收入（万元）	比上年同期增长率(%)
2006	493727	-4.51	28700	-5.39
2007	569899	15.43	30176	5.14
2008	658182	15.49	34653	14.84
2009	731814	11.19	38200	10.24
2010	882000	20.52	42000	9.95
2011	837702	-5.02	43300	3.10
2012	2578408	207.80	54800	26.56
2013	1113041	-56.83	13720	-74.96
2014	1011600	-9.11	57800	321.28
2015	—	—	—	—
2016	2139200	—	140700	—

注：2008 年国务院正式取消“五一”黄金周，改为短假期，共 3 天。2015 年“十一”黄金周未得到准确数据，几处公布有出入，表中未体现。

资料来源：根据《张家界统计年鉴》和国庆节假日旅游统计信息中心发布的数据整理而成。

由图 4-4 看出张家界市“十一”黄金周旅游人数和旅游收入变化，2000~2016 年，张家界市“十一”黄金周的旅游人数和旅游收入逐年增长，2012 年旅游人数最多旅游收入却并不高，2016 年人数又达到新高。

由表 4-3 可以看出，张家界市 2001~2016 年“十一”黄金周旅游人数和旅游收入比上年同期增长情况，旅游收入比上年同期增长大致呈缓慢增长。其中旅游人数和旅游收入比上年同期 2013 年呈现负增长。

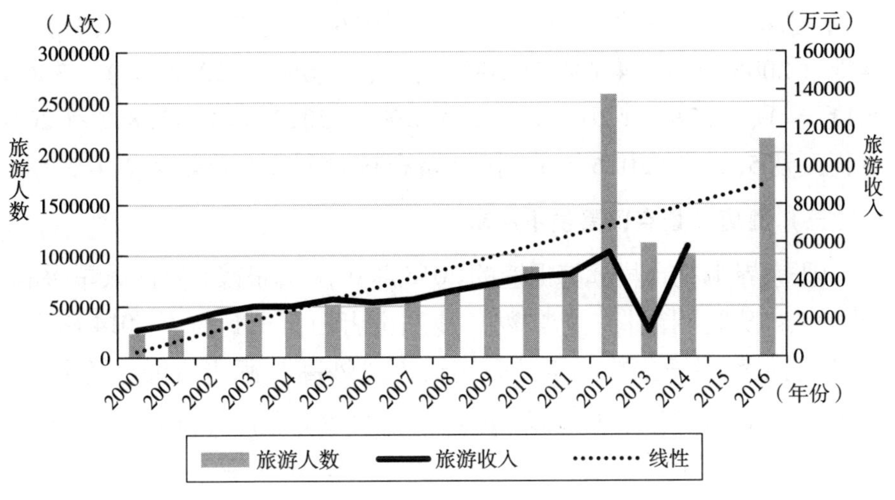

图 4-4　“十一”黄金周旅游人数和收入变化

第二节　张家界黄金周旅游客源市场异同点分析

大量数据表明，“春节”“五一”“十一”黄金周之间既有明显的差异，也有明显的相似之处。分析他们之间的异同点对研究黄金周旅游的发展有着至关重要的作用。

一、黄金周旅游客源市场相同点分析

随着黄金周旅游的发展，“春节”“五一”“十一”黄金周之间存在着许多相同之处，具体表现在以下几个方面。

（一）黄金周旅游人数及旅游收入呈现增长趋势

如图 4-2 显示“春节”黄金周旅游人数和旅游收入呈增长趋势；图 4-3 显示“五一”黄金周旅游人数和旅游收入呈增长趋势；图 4-4 显示“十一”黄金周旅游人数和旅游收入呈增长趋势。

（二）黄金周期间为每年游客流量最集中时期

1999～2007 年每年三个黄金周总共只有 21 天，占全年天数的 5.7%；2001～2007 年接待游客人数分别为 11.8%、11.8%、7.3%、

9.1%、7.7%、8.0%、8.2%。2008年开始，每年黄金周总共只有14天，占全年天数的3.8%；2008～2016年接待游客人数分别为4.4%（2008年）、4.6%（2009年）、4.6%（2010年）、3.6%（2011年）、7.7%（2012年）、4.2%（2013年）、3.8%（2014年），以及5.2%（2016年），因此黄金周时期为客流量最集中时期。

（三）酒店、景点门票供不应求

由张家界电视台吴远海报道的2013年国庆《张家界景区人车爆满》可见景点排队时间很长。新华网长沙站记者白田田也曾于2014年9月28日报道张家界一些热门景区酒店借机“炒高”酒店房价。经了解黄金周期间酒店房价约为平时的3倍，可谓一房难求，价格暴涨。2015年2月21日，张家界天门山索道公司发布公告：由于景区游览人数众多，景区承载饱和，停止售票。很多游客排队几小时却没有买到门票，真可谓一票难求。①

（四）交通运输急剧增长

2014年10月2日当天，张家界民航发送抵达客机42架，进港旅客2596人次，出港旅客2015人次；铁路方面发送游客6645人次，抵达游客6500人次；公路方面发送抵达游客4.82万人次。2016年“十一”黄金周统计显示，航空方面发送抵达游客4.44万人次，同比增长15.13%；铁路方面发送抵达游客12.88万人次，同比增长11.29%；公路方面发送抵达旅客61.93万人，同比增长20.77%。

（五）自驾游成为热点，散客比例呈现增大趋势

据张家界市国庆假日旅游统计信息中心不完全统计，2014年“十一”黄金周截至3日中午12点，张家界国家森林公园接待车辆约为2500辆。1～3日，共接待自驾游车辆5000余辆。根据“一城通”数据监测，2016年“十一”黄金周数据显示，团队游客占比25.46%，散客占比高达74.54%。共接待自驾车辆14.44万辆，同比增长32%。

---

① 根据新华网相关报道整理所得。

二、 黄金周旅游客源市场不同点分析

（一）2008 年前后人均花费有所不同

如图 4 －5 所示 2008 年为明显分界点，“十一”黄金周人均花费在 2008 年前基本都高于“春节”和“五一”黄金周。2008 年国务院取消“五一”黄金周之后，“十一”黄金周人均消费普遍低于“春节”人均消费，并且“春节”黄金周人均支出基本呈增长趋势，“十一”黄金周人均消费则基本呈现下降趋势。

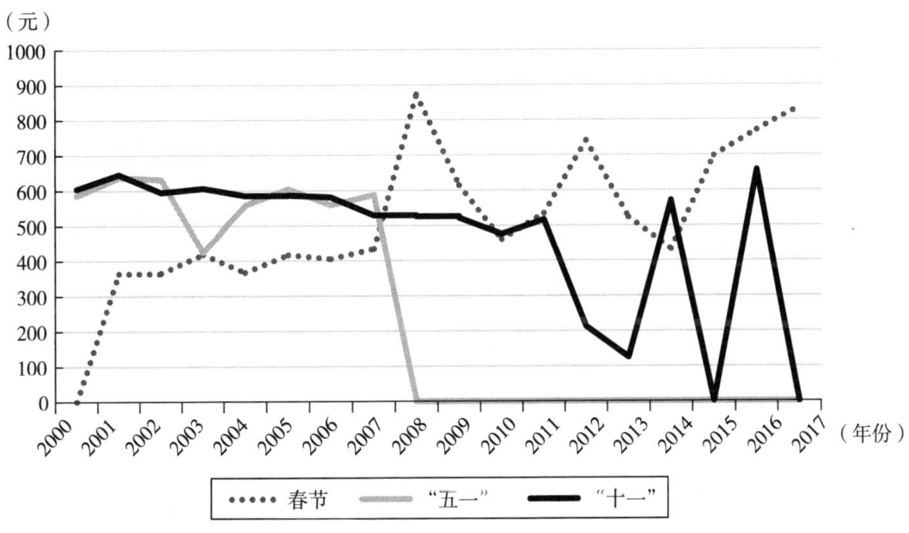

图 4 －5　张家界市各黄金周旅游人均支出趋势

（二）“春节”黄金周规模最小，“十一”黄金周规模最大

“春节”黄金周比另外两个黄金周旅游人数和旅游收入都要少，这与中国传统的过年要在家团聚和气候严寒不愿游玩都有一定关系。对比其他两个黄金周在酒店住宿的人相对会少，有一部分旅游者是以探亲访友为目的来张家界旅游。其中“十一”黄金周旅游人数和旅游收入最高。“十一”期间恰逢张家界秋高气爽，气候宜人，人们也更愿意选择这个时期游玩。

（三）“十一”黄金周的消费水平最高

如图 4 -6 张家界市黄金周消费水平对比柱状图可以清晰看出，“十一”黄金周消费水平明显高于其他两个黄金周的消费水平。经分析原因为“十一”期间相对其他两个黄金周旅游人数众多，2008 年后，虽然人均消费水平不及“春节”黄金周，但是人数却远比“春节”黄金周的人数多。庞大的旅游人数为“十一”黄金周的消费水平奠定了基础。

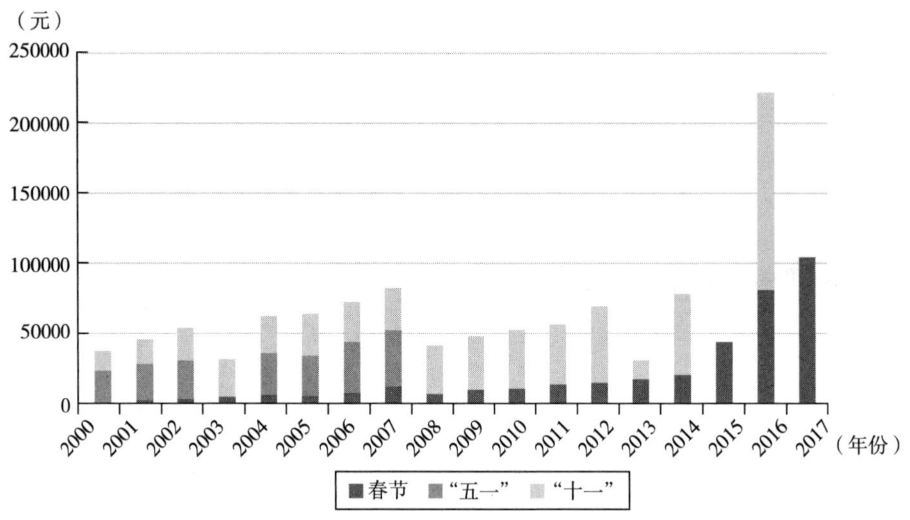

图 4 -6　张家界市各黄金周消费水平对比

第三节　回归模型方法预测张家界市黄金周旅游发展趋势

一、 建立回归方程

从图 4 -7 可以看出，1999 ~2017 年黄金周人数大致呈线性分布，我们通过 SPSS 软件对数据进行统计分析，建立回归方程预测张家界市黄金周旅游的发展情况。从而提出相应的预防措施，使张家界黄金周旅游达到新的高度。

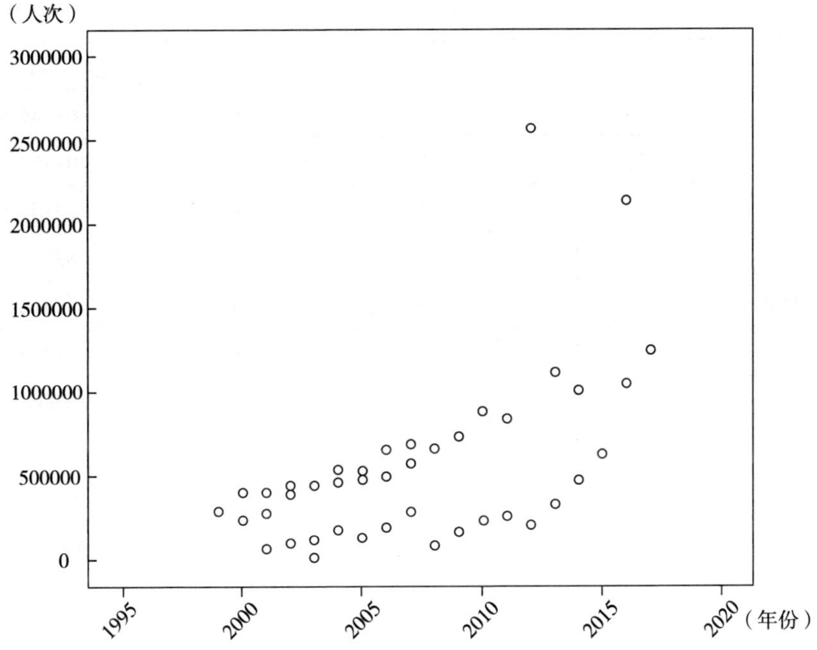

图 4－7　1999～2017 年黄金周旅游人数变化情况

表 4－4 为张家界市黄金周旅游人数统计情况，设时间（年份）为自变量 X，黄金周旅游人数为因变量 Y，自变量 D_1 和 D_2 是因季节性因素引入的虚拟变量。

建立方程为：$Y=\beta_1+\beta_2D_1+\beta_3D_2+\beta_4X+\varepsilon$

其中，Y 表示黄金周旅游人数；X 表示时间（年份）；非“十一”、非“五一”即指“春节”黄金周。

$$D_1=\begin{cases}1, & \text{“十一”}\\0, & \text{非“十一”}\end{cases}\qquad D_2=\begin{cases}1, & \text{“五一”}\\0, & \text{非“五一”}\end{cases}$$

表 4－4　　1999～2017 年黄金周旅游人数统计

年份	黄金周	D_1	D_2	旅游人数(人次)
1999	“十一”	1	0	283616
2000	“五一”	0	1	398001
	“十一”	1	0	237191

续表

年份	黄金周	D_1	D_2	旅游人数(人次)
2001	“春节”	0	0	61886
	“五一”	0	1	404768
	“十一”	1	0	274181
2002	“春节”	0	0	89217
	“五一”	0	1	432316
	“十一”	1	0	391319
2003	“春节”	0	0	110353
	“五一”	0	1	4673
	“十一”	1	0	441377
2004	“春节”	0	0	167740
	“五一”	0	1	530892
	“十一”	1	0	458591
2005	“春节”	0	0	125860
	“五一”	0	1	475256
	“十一”	1	0	517024
2006	“春节”	0	0	186324
	“五一”	0	1	652673
	“十一”	1	0	493727
2007	“春节”	0	0	280112
	“五一”	0	1	685071
	“十一”	1	0	569899
2008	“春节”	0	0	76657
	“十一”	1	0	658182
2009	“春节”	0	0	159554
	“十一”	1	0	731814
2010	“春节”	0	0	230124
	“十一”	1	0	882000

续表

年份	黄金周	D_1	D_2	旅游人数(人次)
2011	"春节"	0	0	252500
	"十一"	1	0	837702
2012	"春节"	0	0	199645
	"十一"	1	0	2578408
2013	"春节"	0	0	328500
	"十一"	1	0	1113041
2014	"春节"	0	0	471900
	"十一"	1	0	1011600
2015	"春节"	0	0	626400
2016	"春节"	0	0	1051200
	"十一"	1	0	2139200
2017	"春节"	0	0	1249900

资料来源：根据《张家界统计年鉴》和国庆节假日旅游统计信息中心发布的数据整理而成。

二、 进行回归分析

运用 SPSS 统计软件进行分析统计，得到表 4－5、表 4－6 和表 4－7，由此得到回归方程为：

$$Y = -1.484 \times 10^8 + 611423.966D_1 + 521753.252D_2 + 74036.589X$$

表 4－5　　模型摘要

模型	R	R^2	调整 R^2	标准估计的误差
1	0.792[a]	0.627	0.598	324900.242

注：a 为预测变量：常量、虚拟自变量 D_2、年份、虚拟自变量 D_1。

表 4-6　　方差分析

模型		平方和	df	均方	F	Sig.
1	回归	6.747E12	3	2.249E12	21.307	0.000[a]
	残差	4.011E12	38	1.056E11		
	总计	1.076E13	41			

注：a 为预测变量：常量、虚拟自变量 D_2、年份、虚拟自变量 D_1。

表 4-7　　回归系数

模型		非标准化系数		标准系数	t	Sig.
		B	标准误差	试用版		
1	常量	-1.484E8	22067000.888		-6.725	0.000
	年份	74036.589	10984.002	0.728	6.740	0.000
	虚拟自变量 D_1	611423.966	113461.298	0.593	5.389	0.000
	虚拟自变量 D_2	521753.252	151835.614	0.405	3.436	0.001

注：因变量：黄金周旅游人数（人）。

三、回归方程检验

1. 相关性检验

依据 SPSS 的统计分析结果，根据表 4-8 经过相关性分析，$0.000 < 0.05$，通过假设检验，控制因季节性因素引入的虚拟变量 D_1 和 D_2，年份与黄金周游客人数的相关系数 $r = 0.738$，为正相关关系，$0.5 < |r| \leqslant 0.8$，因此年份与黄金周游客人数存在显著相关。

2. 拟合程度检验

依据 SPSS 的统计分析结果，根据表 4-5 模型摘要表，得出 $R^2 = 0.792 > 0.6$，且趋近于 1，因此拟合程度较高，表明线性回归模型的拟合程度理想。

表 4-8 相关性检验

<table>
<tr><td colspan="3">控制变量</td><td>年份</td><td>黄金周旅游人数(人次)</td></tr>
<tr><td rowspan="6">虚拟自变量 D1&
虚拟自变量 D2</td><td rowspan="3">年份</td><td>相关性</td><td>1.000</td><td>0.738</td></tr>
<tr><td>显著性(双侧)</td><td>0</td><td>0.000</td></tr>
<tr><td>df</td><td>0</td><td>38</td></tr>
<tr><td rowspan="3">黄金周旅游人数(人)</td><td>相关性</td><td>0.738</td><td>1.000</td></tr>
<tr><td>显著性(双侧)</td><td>0.000</td><td>0</td></tr>
<tr><td>df</td><td>38</td><td>0</td></tr>
</table>

3. 回归方程的显著性检验

依据 SPSS 的统计分析结果，根据表 4-6 方差分析，经过 F 检验，0.000 < 0.5，因此通过假设检验。

4. 回归系数的显著性检验

依据 SPSS 的统计分析结果，根据表 4-7 回归系数，经过 T 检验，得出年份与黄金周游客人数的线性回归方程为：

$$Y = -1.484 \times 10^8 + 611423.966D_1 + 521753.252D_2 + 74036.589X$$

得出：0.000 < 0.01，通过假设检验。

四、 回归结论

1. 回归方程

通过回归方程的建立、分析和检验，得到了张家界市黄金周旅游人数与年份之间的回归方程为：

$$Y = -1.484 \times 10^8 + 611423.966D_1 + 521753.252D_2 + 74036.589X$$

2. “十一”黄金周影响最显著

依据 SPSS 的统计分析结果，根据表 4-7 回归系数，可以看出 D_1 的 t 值大于 D_2 的 t 指（5.389 > 3.436），即“十一”黄金周的差别斜率最显著，表明“十一”黄金周对张家界市黄金周旅游人数影响最显著。

3. 旅游人数呈上升趋势

依据 SPSS 的统计分析结果，根据表 4-8 相关性检验分析中可以看出，相关系数 $r=0.738$ 为正数，因此年份与黄金周旅游人数呈正相关关系，随着年份的增加，旅游人数将不断上升。

第四节　对张家界黄金周旅游发展的建议

通过建立回归模型方法预测未来张家界黄金周旅游发展，可见张家界近期未来发展仍处于成熟期，客源市场规模仍会持续加大，且“十一”黄金周规模最大，影响力最大。经过对各黄金周进行的分析可见，“春节”黄金周的规模最小，但人均消费最高。为使张家界黄金周旅游延缓衰退期的到来，根据各数据统计，本书将针对张家界黄金周未来发展提出建议。在研究张家界黄金周客源市场过程中，由于2008年国务院正式取消“五一”黄金周，更改为3天短假期，“五一”黄金周取消已经十多年，且就现今黄金周发展趋势看，不太可能恢复“五一”黄金周，因此本书并没有针对“五一”黄金周未来发展提出建议。

一、针对“春节”黄金周建议

由于“春节”黄金周相对“十一”黄金周规模较小，但是人均消费自2008年后逐步上升，因此吸引更多游客来张家界旅游已成为这一时期的关键因素。由于“春节”黄金周期间游客多以省亲访友为目的，因此要突破这一特点就要抓住游客的特点开创吸引游客的卖点。

1. 举办大型主题文化秀

大型主题文化秀主要以张家界市主要少数民族为载体，举办节庆民俗活动，与游客互动，增加乐趣，使游客在张家界可以感受不同民族文化带来的视觉冲击，营造浓郁节日喜庆气氛。如土家族的阳戏、摆手舞、茅古斯舞、赶年、傩戏、表演哭嫁等；白族的杖鼓舞、火把节重现、山歌情歌对唱等；苗族的芦笙舞会、苗族祭祖仪式、采花山、情歌踩鼓等。现场体验少数民族习俗，还可进行少数民族特色农产品展销，让游客带着张家界的“年货”回家。另外应多增加系列亲子、家庭类趣味体验以适应“春节”黄金周的特殊人群。

2. 举办天门山朝圣节

建于明代，湘西佛教中心被称为天门山寺，历经儒、道、佛三教融会贯通，建寺以来便香火鼎盛。天门山寺也是湖南境内海拔最高的佛教建筑群，也是湖南唯一一家供奉有舍利佛的真身舍利的佛寺。“春节”黄金周期间，更是多以家庭出游为主体，因此举办天门山朝圣节，祈求新的一年福寿安康、财源广进更是很多人心之所向。

3. 加大创新营销

不断提升旅游的服务品质和游客的满意度。并以媒体为载体，增强对旅游形象的宣传。“翼装飞行大赛”“飞机穿越天门洞”“蜘蛛人”“阿凡达事件”这些都是张家界享誉世界的营销，开创此类事件营销，进一步扩大张家界的影响力。

二、针对“十一”黄金周建议

由于“十一”黄金周规模庞大，人数众多。根据本书所建立的回归模型推测，未来黄金周人数仍持续增加，因此应对如此众多的游客，如何接待好并防止安全问题的发生成为“十一”黄金周期间的首要任务。其次“十一”黄金周期间出游火热，是否能够进一步加大旅游接待的容量成为“十一”黄金周期间的又一挑战。

1. 合理引导游客游览，及时发布旅游信息

旅游行政管理部门和各旅游景区服务单位应及时向游客提供景区信息，如旅游流量信息状况及时公布，合理引导游客参观游览，使接待工作井然有序进行。

2. 加强监督检查

对“黑社”“黑车”“黑导”“黑酒店”进行严格打击，针对以往呈现的问题和纰漏，落实检查，加强监督检查和执法力度，以确保黄金周期间，客流量集中的情况下，旅游市场秩序的稳定。

3. 分散旅游，分散热点

规划新的旅游线路，分散旅游，挖掘更多的特色旅游产品，根据本书所统计的数据，张家界黄金周旅游规模庞大，旅游热点也相对集中，会造成景区超载、环境破坏等问题的严重发生，因此挖掘周边景点，开发新型特色旅游产品就显得尤为主要，可达到分流客源，扩大旅游地容量，分散热点的效果。

4. 制定“临时”预案

公安联防编队组建联防队，加强对景区的巡查和防范，为景区和游客营造良好的旅游发展环境。对旅游接待设施实施“临时”预案，增加供给弹性。启动住宿预案、备用车辆等一系列措施，能减缓旅游供求之间的矛盾，扩大接待能力。增加航空、铁路、客运班次，应对“十一”客流量高峰。

第五章 张家界港澳台入境客源市场变化规律研究

第一节 张家界概况及港澳台入境旅游客源市场概况

一、张家界概况

入境旅游的发展水平是衡量一个地区或国家旅游产业国际化水平成熟程度的重要标志。从世界旅游经济发展状况来看，积极发展入境旅游是大趋势之一。从中国旅游经济的发展来看，入境旅游是旅游发展的重要组成部分。从20世纪80年代的“大力发展入境旅游”，到《中华人民共和国国民经济和社会发展第十二个五年规划纲要》指出的积极发展入境旅游，再到2016年9月底由中国旅游研究院发布的《中国入境旅游发展年度报告2016》中提出中国入境旅游开始步入稳步增长的新常态①。入境旅游带来的外汇收入，不仅增加了目的地经济收入，有利于平衡国际收支，而且也带动了相关行业发展。港澳台快速运行的入境旅游市场态势和庞大的市场体量，对整体的入境旅游来说“牵一发而动全身”，其基础地位不能撼动。

张家界地理位置是处湖南西北部，属武陵山区腹地，是中国最重要的旅游城市之一。张家界拥有丰富的自然和人文旅游资源，吸引了大量的游客前往。2014年，张家界市景点接待人数为3884.58万人次，其中境外游客260.17万人次，港澳台游客60.05万人次；旅游总收入248.7亿元，外汇收入3.88亿美元。2015年，张家界市景点接待人数5075.09万人次，其中境外游客有334.19万人次，港澳台游客有57.34

① 中国旅游研究院．中国入境旅游发展年度报告2016［M］．北京：旅游教育出版社，2016.

万人次；旅游总收入 340.74 亿元，外汇收入 5.72 亿美元。2016 年，张家界实现接待旅游总人次达 6143 万人次，旅游总收入有 443 亿元，同比 2015 年分别增长 21%、30%。以发展旅游业为主的张家界市，入境旅游占据重要地位。入境旅游者的消费能力强，入境旅游业的发展状况会决定旅游目的地的发展水平。港澳台客源市场仍有很大的挖掘空间，所以应在环境承载力允许的范围内，尽可能多地吸引和接待港澳台旅游者，完善与丰富张家界市入境旅游市场，就要根据环境变化和产业发展调整市场与产业政策。因此从时空变化角度对张家界市港澳台客源市场进行研究也是时代背景需要。

近年来，中国学者开始重视入境客源市场方面的研究，不过较多侧重于大尺度研究，如以某个国家或某省份的客源市场为研究对象，并且在客源市场的选择方面也较为笼统。以一个市为研究范围的研究很少，对张家界市港澳台入境旅游的研究文献基本没有。本书引入亲景度—竞争态模型，利用地理集中指数与市场营销分析等方法综合研究张家界市港澳台客源市场变化规律，研究成果有利于丰富区域经济学理论和旅游市场学理论。

从实证角度，研究张家界市港澳台客源市场变化规律及其对策研究，为张家界旅游管理部门和旅游企业进行科学决策及制定相关的旅游规划和开发战略献计献策，最终达到为港澳台客源市场提供针对性较强的旅游产品，最大限度地满足港澳台入境旅游者的需求，促进张家界市港澳台客源市场有效发展和可持续发展目标的实现，也为内地其他省份为吸引港澳台游客提供一定的借鉴作用。

二、张家界市港澳台入境客源市场概况

张家界旅游业的真正发展是在 1979 年以后，初步发展阶段是在 1979～1988 年，快速发展阶段在 1989～2009 年，现如今张家界旅游业已发展较成熟，入境客源市场逐渐形成由六大块组成形式：韩国、日本、东南亚、欧美、中国台湾、中国港澳。在初步发展及快速发展前期，张家界入境旅游主要客源是港澳台客源市场，其所占比例高达 96%，其次是日本、欧美、东南亚等地区。2003 年以后，韩国的游客逐渐增加，慢慢占据重要地位。与此同时，中国的港澳台游客也在波动中

增加，日本、东南亚、欧美等地区游客数量则缓慢增长。近年来，中国的港澳、东南亚、日本游客数量有所下降，中国台湾、欧美游客数量稳步增长。1989～2015 年，港澳游客来张家界旅游人数共经历两次高峰期，分别是 2001 年 66776 人数与 2011 年 277976 人次。1989～2010 年，港澳游客人次呈现波动且缓慢增长状态，2010～2011 年急速增长，2011 年后港澳游客人数呈下降趋势，2015 年游客数量下降至 145207 人次。1989～2015 年，台湾游客来张家界旅游人数也经历了两次高峰期，分别是 2000 年的 122169 人次与 2014 年的 435470 人次。1989～1998 年，台湾游客人数处于平稳状态，且游客数量较少，属于初步发展阶段。1999～2008 年，台湾游客人数呈现波动增长状态。2008 年以后，人数急剧增长。

香港、澳门与台湾人口基数相差甚远，经济政治发展诸多不同，《张家界市统计年鉴》将入境旅游市场分为六块，其中港澳与台湾数据分别统计。

第二节　张家界市港澳台入境客源市场时空演变规律分析

一、张家界市港澳台入境客源市场时间变化规律分析

从《2016 张家界统计年鉴》中选取 1989～2015 年张家界市入境旅游总人数、港澳台来张家界旅游人数分析港澳台客源市场的变化规律。台湾来张家界旅游的人数变动情况与入境旅游整体波动情况大致相同，港澳地区来张家界旅游人数在 2001 年经历过一次人数高涨后的骤减（见图 5－1）。

港澳地区来张家界旅游人数变化可分为以下三个阶段：

第一阶段是 1989～2001 年旅游人数增长阶段。1989～1998 年来张家界旅游人数波动不大且游客数量少。随着 1997 年香港回归，1999 年澳门回归，张家界旅游形象的树立，旅游营销的推广，游客数量从 1999 年的 27016 人次增加到 2001 年的 66776 人次，两年游客量增长了 1.47 倍。

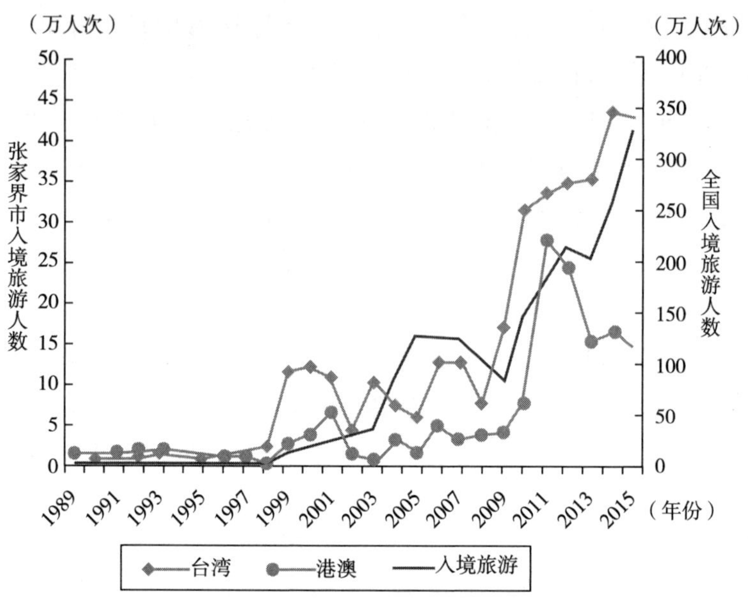

图 5－1　1989～2015 年张家界市入境旅游、港澳台旅游人数年际变化

资料来源：张家界市各年统计年鉴。

第二阶段是 2002～2011 年旅游人数波动增长阶段。2002 年港澳游客为 14561 人次；2003 年下降至 5165 人次；2009 年增加至 43500 人次；2011 年出现改革开放以来巅峰，为 277976 人次。2009～2011 年，短短三年时间增长了 5.39 倍。

第三阶段是 2012～2015 年。旅游人数大体呈下降趋势，2012 年的 246455 人次下降至 2013 年的 154109 人次，同比下降幅度高达 37.47%。

台湾来张家界旅游人数变化可分为以下三个阶段：

第一阶段是 1989～2000 年旅游人数的迅速增长阶段。随着改革开放政策的实施，张家界自身旅游景点品质的打造，如 1982 年张家界国家森林公园成为中国第一个国家森林公园；1992 年武陵源自然风景名胜区被联合国教科文组织列入了《世界遗产名录》。台湾来张家界旅游人数在 1989～1998 年无较大波动且人数少。1999～2000 年张家界对外营销逐渐显现成果，人数迅速增加，在 2000 年达 122169 人次。

第二阶段是 2001～2008 年旅游人数的波动增长阶段。由于 2001 年“911”恐怖袭击事件、2003 年的“非典”、2008 年的金融危机，张家界天门山应对危机采取一系列成功的营销活动，所以这一期间台湾来张家界旅游呈波动变化。

第三阶段是 2009 ~ 2015 年旅游人数的平稳增长阶段。海峡两岸全面实现“三通”，张家界在台湾旅游客源市场的开拓力度不断加大，如张家界国家森林公园与台湾垦丁公园结对“姊妹公园”，“张家界导游万里行”文化交流团抵达台湾推介了张家界地貌以及悠久的民族文化。除此之外，在 2013 年南航正式开通台北至张家界直飞航班，紧接着台湾复兴航空运输股份有限公司增加了从台湾桃园机场直飞张家界荷花机场的航班，这些举措更是促使了台湾游客来张家界旅游人数的持续上升。

为了分析港澳台客源市场游客量的年际变化情况，可通过年际变化强度指数 T 来表示：

$$T = \frac{\sqrt{\sum_{i=1}^{n} \frac{(x_i - \bar{x})^2}{n}}}{\bar{x}} \times 100\% \qquad (5-1)$$

在公式（5 – 1）中，T 表示年际变化强度指数；x_i 表示每一年度的港澳台来张家界旅游人数；$\bar{x}$ 表示某一时期内的年平均港澳台来张家界旅游人数；n 表示某一时期内的总年数。它反映了某一旅游目的地入境旅游人数在某一历史时期内随着时间变化的平均波动水平和该时期内各年度客流量与其平均值的偏离程度，T 值越大则说明港澳台来张家界旅游人数随时间变化的强度就越大，对旅游经营越不利；T 值越小或越趋向于 0，则说明港澳台来张家界旅游人数随时间变化的强度越小，游客流量比较平稳，对张家界旅游业的发展也比较有利。根据公式，利用相关数据进行计算，结果如下（表 5 – 1 和表 5 – 2）。

表 5 – 1　1989 ~ 2015 年张家界市港澳客源市场各时段的 T 值

指标	1989 ~ 2001 年	2002 ~ 2011 年	2012 ~ 2015 年
T 值	92.50	127.63	22.68

资料来源：张家界市各年统计年鉴。

表 5－2　　1989～2015 年张家界市台湾客源市场各时段的 T 值

指标	1989～2000 年	2001～2008 年	2009～2015 年
T 值	153.05	10.29	23.76

资料来源：张家界市各年统计年鉴。

从第一阶段到第二阶段，T 值从 92.50 上升为 127.63，客流量变化越来越强烈。而到第三阶段 T 值为 22.68，较之前两个阶段低，表明来张家界的港澳游客人数随时间变化的强度小，客源流量比较平稳，但是港澳游客数量随年度变化而明显减少。这种情况的持续发展是不利于张家界市港澳旅游市场的开拓与可持续发展，因此各旅游相关部门及旅游企业应及时采取有效可行的措施来保持港澳游客流量的平稳增长。

从第一阶段到第二阶段 T 值从 153.05 下降为 10.29，客流量变化趋于稳定；第三阶段，虽然 T 值有所回升，但相对于第一阶段还是较低的。随着张家界市台湾游客人数的增长，客流量的变化在稳定与波动间交替，整体不断趋向稳定，越来越有利于张家界市台湾客源市场的可持续发展。

二、张家界市港澳台入境客源市场空间变化规律分析

入境旅游客源市场的空间结构主要是指入境旅游客源市场的地域分布态势，它反映了旅游客源在地理空间上的分布和组合特征。地理集中指数是衡量客源地地理集中程度的重要指标，能够较科学直观地测度港澳台客源市场的空间结构。地理集中指数的计算公式表示为：

$$G = 100 \times \sqrt{\sum_{i=1}^{n} \left(\frac{x_i}{T}\right)^2} \qquad (5-2)$$

公式（5－2）中，G 为客源地的地理集中指数；T 为某年张家界接待游客的总量；x_i 为某年第 i 个客源地的游客数量；n 为客源地的总数。当 G 值为最大值 100 时，说明张家界的客源地只有一个；G 值越大，说明来张家界的游客空间分布越趋于集中，旅游经营的稳定性就越差；G 值越接近于 0，说明张家界的客源地越多，客源空间分布越趋于分散，旅游经营的稳定性就越好。但是，如果客源空间分布过于分散将不利于

主体客源市场的确定，从而给市场营销带来困难，所以 G 值适中为妥。地理集中指数也可用来比较不同时期单一旅游目的地的客源集中程度。

根据公式（5 -2），并利用相关数据进行计算 1989 ~2015 年张家界市港澳台客源市场空间结构的地理集中指数（G 值），结果如图 5 -2 所示。

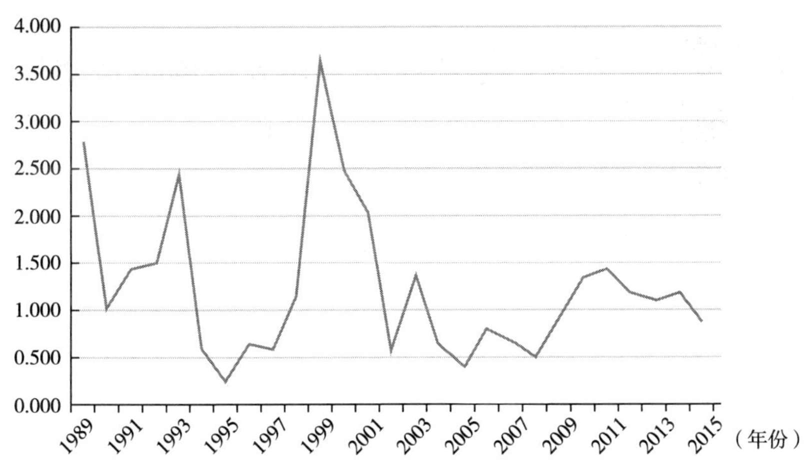

图 5 -2　1989 ~2015 年张家界市港澳台客源市场的 G 值

资料来源：张家界市各年统计年鉴。

可见，1989 ~2015 年张家界市客源市场空间结构的地理集中指数一直在波动，G 值最大在 1999 年达 3. 640，最低在 1995 年为 0. 251。1992 ~1993 年和 1999 ~2001 年地理集中指数超过了 1. 5，表明那段时间港澳台来张家界旅游人数一直具有相对明显的集中性。数据显示 1993 年港澳台来张家界旅游人数达 32258 人次，占张家界入境旅游人数的 96%，1999 年占入境旅游人数的 94%，港澳台客源市场具有重要意义。

2002 年后张家界市港澳台游客源市场的地理集中指数有明显下降，说明张家界市客源的空间分布性日趋分散，旅游业的发展日趋稳定。由于旅游业具有其自身的一些特点，如综合性、劳动密集型、政策性较强、脆弱性等。在以旅游目的地为单位的旅游业中，各个旅游行业的命运是联系在一起的；以旅游业为代表的服务业，产品的生产或供给都需要大量的劳动力；任何一个国家的旅游在开展出入境业务方面都不能违背本国的涉外政策。因此，旅游业的发展受到多种因素的影响，无论是自然灾害、恐怖袭击、重大疾病感染，还是张家界市旅游企业内部的协调，工作人员的素养与服务水平，国家对于旅游业发展的政策等条件，都可能影响张家界市旅游业的发展。所以张家界市旅游客源市场的多元化提升了市场抵御风险的能力，其旅游布局正朝着合理方向发展，在统筹规划全市旅游市场和整合优化旅游资源方面日趋完善。

第三节　张家界市港澳台入境客源市场亲景度与竞争力变化规律分析

一、 亲景度的变化特征

亲景度分析是探讨某一客源地旅游者对某一旅游目的地偏爱程度的一种定量客源市场分析方法，是指某旅游客源地区在某旅游目的地的市场占有率与该客源地区在全国市场占有率的比值。用公式表示为：

$$P_t = B_t / A_t \qquad (5-3)$$

公式（5－3）中，P_t 为 t 客源市场亲景度；B_t 为 t 客源市场到张家界的入境旅游客源市场占有率；A_t 为该客源市场在全国的入境旅游客源市场占有率。根据 P_t 的大小可以将客源市场细分为：当 $2 \leqslant P_t < +\infty$ 为强亲景客源市场；$1 \leqslant P_t < 2$ 为弱亲景客源市场；$0.5 \leqslant P_t < 1$ 为弱疏景客源市场；$0 \leqslant P_t < 0.5$ 为强疏景客源市场。根据《中国旅游统计年鉴》《湖南统计年鉴》《张家界统计年鉴》等相关资料，对张家界市 1989～2015 年入境游客总人数、香港和澳门游客人数、台湾游客人数分别进行了统计，通过公式得出各客源市场的亲景度，如图 5－3 和图 5－4 所示。

从图 5－3 可以看出，1994～2015 年张家界市港澳客源市场的亲景度主要呈现的特征：亲景度除了 1994 年和 1997 年是稍微大于 0.5，1996 年接近 0.5 以外，全都是远远小于 0.5。说明港澳客源市场属于强疏景客源市场。港澳客源市场对张家界的亲景度振荡明显，最高达到 0.568，最低至 0.015。为了更好地分析港澳客源市场 1994～2015 年亲景度的空间变化，以 2001 年为界限，分为 1994～2001 年与 2001～2015 年

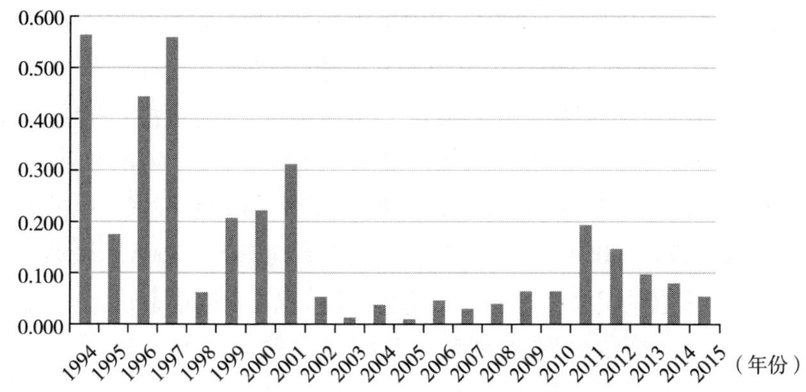

图 5－3　1994～2015 年张家界市港澳客源市场亲景度

资料来源：张家界市各年统计年鉴。

两个时期，并以两个时期亲景度的平均值来分析张家界市港澳客源市场亲景度的空间演变。1994～2001 年，港澳客源市场虽在强疏景客源市场与弱疏景客源市场之间徘徊，但亲景度平均值为 0.3，则总体属于强疏景客源市场。2002～2015 年，亲景度平均值为 0.071，港澳客源市场则完全属于强疏景客源市场。亲景度呈下降趋势，说明港澳游客对张家界偏好程度也在下降，张家界市对其在全国市场的竞争力还比较弱。

这不仅说明张家界对港澳客源市场的营销宣传工作做得不到位，张家界与港澳间的交通连线也不够便捷，也说明现有的张家界旅游产品对港澳游客吸引力不够。

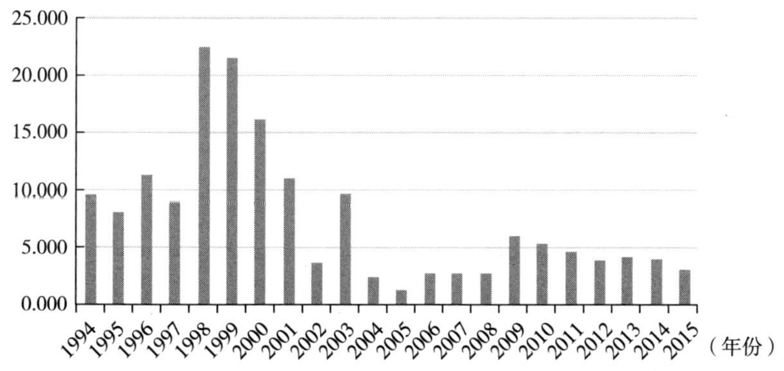

图 5－4　1994～2015 年张家界市台湾客源市场亲景度

资料来源：张家界市各年统计年鉴。

从图5－4可以看出，1994～2015年张家界市台湾客源市场的亲景度主要呈现的特征有，亲景度除2005年为1.360外，其他年度均大于2，台湾客源市场为强亲景客源市场。亲景度整体处于波动状态，近年变化比较平稳。为了更好地分析台湾客源市场亲景度的空间变化规律，分为1994～2003年与2004～2015年两个时期。1994～2003年的亲景度平均值为12.355，2004～2015年的亲景度平均值为3.608。虽然均大于2，属于强亲景客源市场，但亲景度明显降低，且幅度较大。这说明在1994～2003年台湾游客对张家界的偏好程度较大，且张家界在全国市场的竞争力也比较强。2004～2015年，一方面各地旅游发展迅速，开展了丰富多彩的旅游促销活动，使台湾客流分散；另一方面还是张家界本身对台湾客源市场的开拓与进行针对性的旅游产品营销欠缺。

二、 市场竞争态的变化特征

旅游市场竞争态是指旅游目的地各客源市场在市场占有率（A_i）和市场增长率（B_i）两个指标作用下，所表现出的状态特征，记为U_i（A_i，B_i）。其中：

$$A_i = \frac{X_i}{\sum_{i=1}^{n} X_i} \times 100\% \qquad (5-4)$$

$$B_i = \frac{X_i - X_{i-1}}{X_{i-1}} \times 100\% \qquad (5-5)$$

公式（5－4）和公式（5－5）中，$\sum_{i=1}^{n} X_i$ 为当年张家界市入境旅游游客数量总和；X_i 为张家界市港澳台客源市场 i 年的游客数量；X_{i-1} 为港澳台客源市场来张家界上年的游客数量。市场占有率 A_i 反映了在激烈的市场竞争中所占据的实力与地位，市场增长率 B_i 反映的是所表现出来的发展潜力，即当年较上年增长率，两者构成了市场分析和预测中的核心变量。给定一对合适的划分标准（a，b），以市场占有率的平均值确定 a，以市场增长率的平均值确定 b。依据各分市场占有率和增长率，可以将区域旅游市场划分为明星市场、金牛市场、幼童市场和瘦狗市场4种类型，它们分别处于由占有率和增长率所圈定的4个象限内（见图1－1）。各类市场划分依据、基本特征及战略抉择见表1－1。

以1989～2002年和2003～2015年两个时期港澳地区与台湾地区客源市场的平均市场占有率和增长率分析张家界市港澳台客源市场竞争态。

对于港澳客源市场，1989～2002年以平均市场占有率 a_1 =35.1%，平均市场增长率 b_1 = 169.0%；2003～2015年以 a_1 = 5.6%，b_1 = 81.1%，分别对港澳客源市场竞争态进行分析（见图5－5和图5－6）。

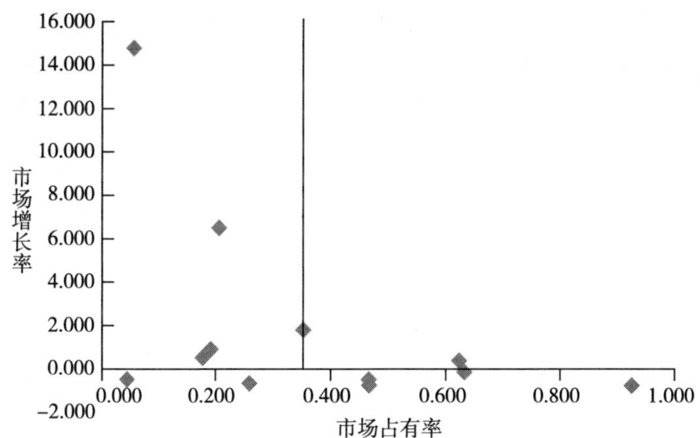

图5－5　1989～2002年张家界市港澳客源市场竞争态变化

资料来源：张家界市各年统计年鉴。

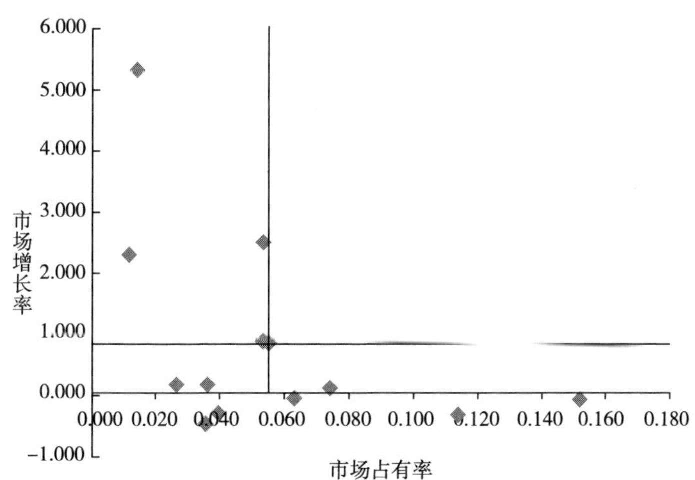

图5－6　2003～2015年张家界市港澳客源市场竞争态变化

资料来源：张家界市各年统计年鉴。

由图5－5和图5－6的散点分布情况可知，除了1989年港澳客源市场增长率高，占有率低，属幼童市场及1991年增长率与占有率较高，属明星市场外，1989～2002年港澳总体为金牛市场朝着瘦狗市场发展，来张家界旅游人数大致稳定增长。2003～2015年除去个别年份干扰，2003年与2005年属于幼童市场，大体上也为金牛市场往瘦狗市场发展。2011年后港澳游客来张家界旅游人数骤然下降，且下降幅度大，港澳客源市场占有率也逐年下降，增长率多次呈现负增长。随着张家界旅游业的起步，旅游营销的推广，张家界旅游的品牌逐步形成，客源也越来越多元化，尤其是韩国客源市场的成功营销，使得近年来韩国成为张家界的主要客源地区，港澳客源市场的占有率急速下滑。港澳客源市场来张家界旅游人数曾在2011年达277976人次，张家界旅游业刚起步时，客源大部分为港澳游客，说明张家界市的旅游资源是受港澳游客青睐的，港澳客源市场也有较大发展潜力。

依据竞争态4种类型市场的应对战略，对瘦狗市场应采取撤退性战略，缩小规模并减少投入，将资源转向其他市场，对金牛市场应采取收获性战略，适量减少投入或者不增加投入，以时间收益最大化。而张家界市对港澳客源市场应综合以上策略，对港澳客源市场应仔细观察分析，或者充分挖掘港澳游客的新需求，避免盲目拓展投资，以时间收益最大化，设法提高港澳客源市场增长率，以促进它们尽快从瘦狗市场步入幼童市场。

对于台湾客源市场，1989～2002年以平均市场占有率 $a_2=41.3\%$，平均市场增长率 $b_2=237.4\%$；2003～2015年以 $a_2=14.8\%$，$b_2=22.3\%$，分别对台湾客源市场竞争态进行分析。

由图5－7和图5－8的散点分布情况可知，除了1989年的高增长率，低占有率，属于幼童市场及明星市场，具有较大活力外，台湾客源市场总体是从瘦狗市场朝着金牛市场发展。2003～2015年，2005年与2008年处于低占有率高增长率，属于幼童市场。2009年市场占有率为21.3%，市场增长率为84.5%，双高，属于明星市场。其余年度稳定处于金牛市场。竞争态的市场策略中，对金牛市场应采取收获性战略，适量减少投入或不增加投入，以时间收益最大化。2014年起，台湾来张家界游客数量有所下降，出现负增长，市场占有率也有所下滑，因此张家界市应及时采取措施，制止这种现象的长期发展，使其稳定在金牛市场的基础上，迈入明星市场。

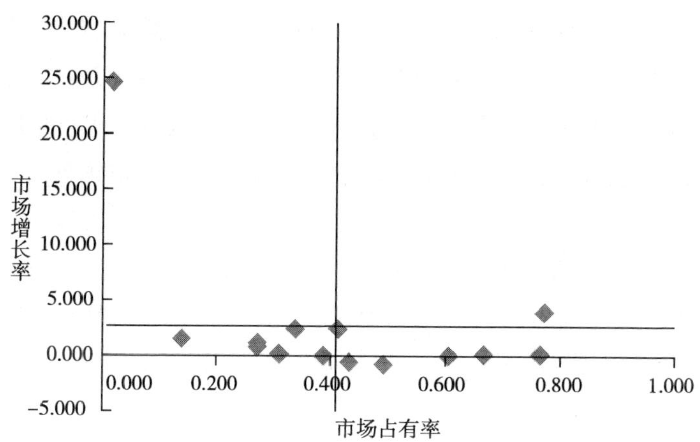

图 5-7 1989~2002 年张家界市台湾客源市场竞争态变化

资料来源：张家界市各年统计年鉴。

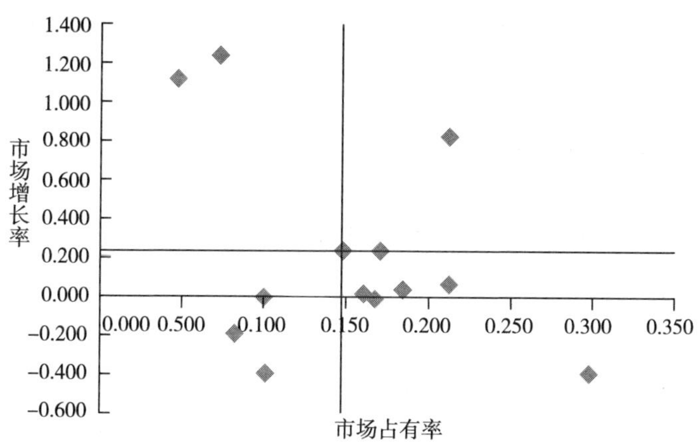

图 5-8 2003~2015 年张家界市台湾客源市场竞争态变化

资料来源：张家界市各年统计年鉴。

第四节 张家界市港澳台入境旅游客源市场发展建议

一、 张家界市港澳台入境客源市场变化规律总结

港澳地区与台湾地区客源市场都出现过较大的年际变化强度指数，

港澳客源市场在 2002 ~ 2011 年，T 值达到了 127.63，台湾客源市场在 1989 ~ 2000 年，T 值达到了 153.05。近年 T 值下降都有较大幅度。这说明港澳台客源市场来张家界旅游人数随时间变化越来越少，发展较平稳，对张家界市旅游业的发展比较有利。港澳台客源市场的地理集中指数不断波动，从 1999 年开始总体是下降的，偶尔有上升阶段，这说明张家界市客源地越来越多，客源空间分布趋于分散，旅游经营的稳定性向好。

通过引入亲景度—竞争态模型，对港澳台客源市场进行分析。可见，港澳客源市场是强疏景客源市场，属于金牛市场朝着瘦狗市场发展，这说明张家界市相关政府部门与旅游企业亟须对港澳市场采取科学有效的措施，依据游客不断变化的旅游需求，对症下药，加大宣传力度与营销推广，与此同时又要避免盲目开拓。台湾客源市场是强亲景客源市场，总体属于瘦狗市场往金牛市场发展，且台湾来张家界旅游人数逐年增加。因此张家界市相关旅游部门与企业应维持对台政策与推广方式，牢牢把握好台湾客源市场，不断挖掘台湾游客的新需求，实现可持续发展。

二、 可持续发展对策

(一) 张家界市港澳台客源市场可持续发展的总体思路

张家界市应稳固港澳客源市场发展，积极开拓台湾客源市场。将港澳客源市场定位为机会入境客源市场。机会市场是指纳入开发计划的市场，其来张家界旅游人数虽总体上是增加，但却比较容易波动。开拓港澳客源市场应避免盲目行为，应在具备成熟的策略、适宜的内外部环境时谨慎投资。对港澳市场进行有针对性的营销战略和宣传，才能在激烈的市场竞争中重新留住游客，同时进行差异性营销。因港澳经济发展形势良好，生活水平高，出游愿望强，消费水平高。应认真重视港澳客源市场，以现有数据表明港澳客源市场来张家界旅游人数曾经历过两个高峰期，近几年游客数量有所下降，所以需积极分析旅游人数下降的原因并注意营销策略。若采取些措施后，依然不能使港澳客源市场增长率提高，就要进行撤退性战略，减少投入并且缩小规模，甚至要考虑将资源转向其他市场。

将台湾定位为张家界市主要入境客源市场。主要入境旅游客源市场是指旅游目的地接待入境旅游人数总人数中所占比例较大但仍然保持相当增长潜力且可通过市场营销手段深度挖掘的客源地区。台湾客源市场之所以存在较大的发展前景，是因为张家界市旅游产品较大程度上满足台湾游客的需求，且张家界的旅游品牌知名度较高。张家界市需巩固提高观光旅游产品，大力发展专题旅游产品。面向台湾客源市场，不断调整优化旅游产品结构，根据资源分布特点，结合台湾游客的偏好及新需求，做专题旅游产品。不仅仅针对台湾客源市场，也可对张家界市主要入境旅游客源地区，把观光旅游、生态旅游、文化旅游、度假旅游、商务旅游、会展旅游相结合等，形成一个优势互补、梯度差异有致的旅游大品牌。对于台湾客源市场，应积极分析台湾人口年龄段组成，提升服务质量。

（二）张家界市港澳台客源市场可持续发展的具体措施

1. 广泛开展旅游合作

张家界市需提升旅游产品质量，广泛开展旅游合作。张家界对台湾已经进行的合作，都取得了不错反响，直接表现为台湾游客来张家界旅游人数的增加。如张家界国家森林公园与台湾垦丁公园结为“姊妹公园”，“张家界导游万里行”文化交流团赴台湾推介了张家界地貌与悠久的民族文化等。张家界市应继续举办活动，促进双方交流。

充分发挥长株潭经济圈的资金、管理、人才优势，运用市场经济办法，鼓励发达地区对张家界的投资，以促使旅游基础设施及公共设施的及时维护与维修，从而提高游客满意度。与湖南省精品旅游地区开展跨区域路线，联手促销，互进客源，打造共赢局面。与港澳台旅游组织和机构，制订合作计划，交换旅游信息。就促进双方旅游市场的家庭进行交流，简化发放旅游签证、手续问题进行共同探讨，邀请有经验的旅游业管理人员到张家界考察并提供咨询与指导。

2. 提高旅游从业人员素质

在当今社会，一切竞争的核心都是人才的竞争，尤其在旅游业，以服务为主导的产业，游客的体验决定旅游目的地的好坏。从业人员的素质会直接影响张家界市旅游发展的规模、速度以及深度，只有重视人才的培养与人才的使用，才能真正打造张家界市的旅游品牌，发挥好品牌效应。因此，在旅游人才培养目标上：（1）要积极组织从业人员学习了解港澳台游客心理及其风俗习惯，并熟悉张家界市概况，土家族、苗族历史及风土人情，民间工艺等。旅游从业人员在服务好港澳台游客的同时，要时刻做好张家界市旅游品牌宣传推广大使的准备。（2）运用前瞻而实用的教育培训观念，注重旅游业发展趋势，对旅游从业人员实施理论和实践一体化的再教育，职前教育与职后培训相结合，国内与涉外培训相结合。不断地加大对旅游专业学院的多层次、复合型、全方位的培训力度。（3）着力提高旅游从业人员的普通话与外语水平。针对港澳台，尤其需培养一批闽南语、粤语、英语能力较强的人员，提升服务水平，促进旅游业的发展。

3. 增强旅游企业实力与活力

推动旅游管理体制创新和旅游企业的改革，如今，随着人们旅游需求的改变，已经不仅仅满足于观光旅游，生态旅游、会展旅游、养生旅游等逐渐出现。人们现在普遍偏好体验式旅游，因此自助游自驾游的兴起，团体包价旅游的减少，私人定制旅游的需求出现。这就迫使旅游企业需要进行体制创新、产品创新、营销创新、经营创新。张家界市旅游企业正处于转型时期，也是一个优胜劣汰的时段。面对港澳台客源市场，旅游企业需对症下药，开发精品路线，针对性地满足不同需求的游客。港澳台来张家界旅游大多为团队游，自助、自驾游较少。因此张家界的旅行社应在认真研究港澳台游客心理，分析近年来港澳台来张家界人数变化规律的基础上，有针对性地为不同消费人群量身打造个性旅游产品，突出旅游主题，让游客留下深刻的旅游体验。同时，要加强政府对旅游企业的宏观主导，避免盲目开发与投资。鼓励旅游企业进行品牌建设，通过宣传营销、质量认证等途径，提高品牌的知名度与竞争力，从而提高旅游企业抗风险力。

第六章 张家界东亚入境客源市场时空分异规律研究

第一节 张家界东亚入境客源市场概况

一、 张家界东亚入境旅游发展背景

张家界因旅游而建市，是国内外知名的旅游城市。自 20 世纪 80 年代张家界开展旅游业以来，就以其世界罕见的石英砂岩峰林峡谷地貌、国家森林公园、世界自然遗产、独特的人文旅游资源以及少数民族风情吸引着国内外的眼球。1978 ~ 1992 年是张家界市旅游开发的早期阶段，开发初期，由于公路、铁路、航空、通信以及景区基本设施的落后，也没有专门的组织或团体来张家界观光游览，张家界的总体入境旅游收入微薄，基本可以忽略不计。2001 年张家界国际森林保护节成为打开韩国市场的窗口，韩国观光公社社长在参加张家界国际森林保护节后回到韩国大力向韩国国民推荐张家界。之后，张家界的旅游景区开发人也到韩国宣传张家界，张家界丰富的自然资源对韩国人产生了巨大的吸引力，韩国开始和张家界进行了一系列文化交流活动，这使中国旅游业“韩流”现象的到来。2004 年中国和韩国合作拍摄了电影《九天半》，这部电影使韩国人对张家界的旅游认知更加深刻。另外，张家界的部分景点也是和韩国人合资的，比如武陵源核心景区中的袁家界，这也加深了韩国人的观光兴致和信任感。近年来，张家界与韩国交往频繁，“中韩旅游节”使两国国民在互往的文化旅游交流中进一步认识互动。在日本方面，日本政府以 1964 年东京奥运会为契机，在放松了外汇的管制的基础上，开放了部分出境旅游市场。1980 ~ 2000 年，日本是张家界主要的客源市场，但是从 2000 到现在，日本占张家界总入境游客比例急剧

下降。

二、张家界东亚入境客源市场现状

21 世纪以来，张家界东亚入境旅游市场一路高涨。日本、韩国同我国地理位置相邻，文化差异不大，旅行空间距离相对较近，旅游阻力小，加上近年来经济贸易频繁，东亚入境客源市场成为张家界旅游的重要市场。张家界自 1988 年开始对东亚入境旅游人数进行统计，随着张家界早期旅游业迅猛发展，东亚入境旅游人数也是连年高涨。张家界旅游局统计年鉴数据显示，在 2003 年全国“非典”特殊时期，来中国旅游的韩国人数总体呈下降势态，但 2003 年张家界接待韩国游客约 23.07 万人次，对比 2002 数据增长 18.38%，韩国人来张家界旅游热情也并未因此削减。如今，每年来张家界旅游的韩国客人都达到 30 万～60 万人次，占到所有韩国来中国人数的 1/10 以上，在 2002 年后韩国市场被中国台湾市场取代，成为张家界现在与未来一段时间内入境市场的极其重要的组成部分。总体来说，张家界入境客源市场中占比例最大的就是东亚入境客源市场，东亚中韩国是张家界入境客源国中占比例最大的国家，但每年来张家界的日本游客数量却波动很大且低于全国水平。

第二节　张家界东亚入境客源市场时空演变特征分析

一、张家界东亚入境客源市场时间变化分析

（一）年度变化特征

以张家界各年统计年鉴中获取 1998～2015 年东亚旅游人数和入境旅游人数的数据，通过东亚入境游客的年度增长量，分析东亚客源市场的变化规律（见图 6－1）。从东亚游客所占境外游客的比例变化，具体可以分为以下三个阶段。

第一阶段为 1998～2005 年，进入 21 世纪后，张家界的旅游产品不断丰富，各项基础设施和服务设施的日趋完善，尤其是 1999 年张家界航空口岸开通了飞往香港和澳门的航班，间接方便了东亚入境游客。张

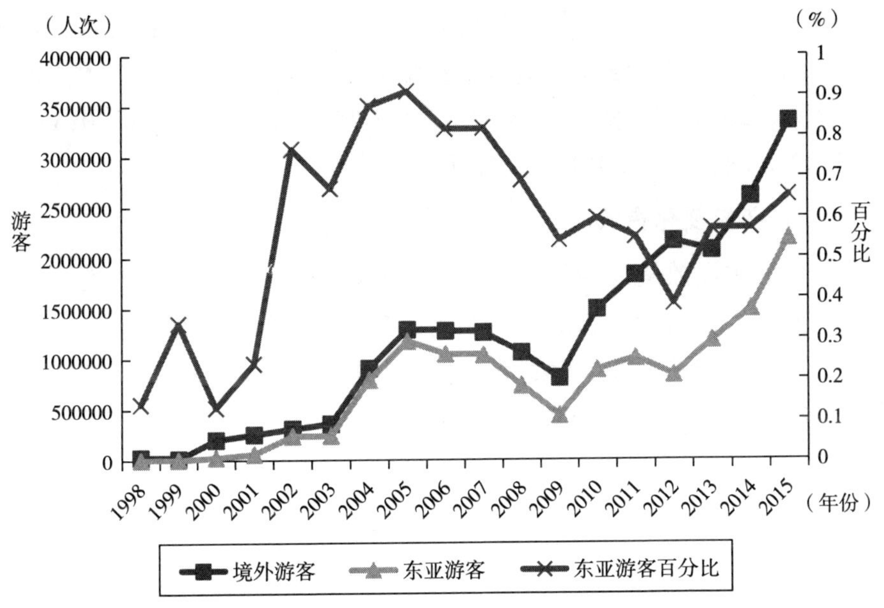

图 6－1　1998～2015 年张家界境外游客和东亚游客分析

资料来源：张家界各年统计年鉴。

家界的东亚入境游客迅速增长，2004 年东亚入境游客增长最大，从 2003 年的 24 万人次，增加到 2004 年的 79 万人次，年度增长率高达 329%，这对张家界来说，是一个历史性的时刻。2005 年东亚入境游客所占境外游客的比例高达 91%，出现了最高峰。

第二阶段为 2006～2012 年，由于张家界旅行社的利益问题，对东亚入境客源不加以重视，导致了张家界东亚入境游客数量呈现出下降趋势，出现了负增长的情况。2008 年全市接待入境游客共 105.85 万人次，东亚入境游客 73.18 万人次，占入境游客的 69.1%。2009 年全市接待入境游客共 80.85 万人次，东亚入境游客 43.74 万人次，占入境游客的 54.28%。同比全市接待入境游客人数下降了 23.6%，东亚游客人数下降了 40.3%，占有量下降了 21.4%，这使张家界的“东亚风”走向低谷。

第三阶段为 2013～2015 年，这三年间东亚游客的人数出现了稳定增长。曾经的“张家界热”再次回升，东亚游客在入境游客中所占的比例也快速增长。2015 年，张家界市与韩国东郡结为友好城市，同时每年还互派公务员交流学习半年，这极大地加强了与韩国之间的交流，让更多的韩国人发现了张家界这座美丽的城市。同时，加强了对日本旅游市场的开拓，2014 年来张家界旅游的日本游客仅 7103 人次，而 2015 年达到 15747 人次，同比 2014 年人数翻了一番。

（二）年际变化指数

年际变化指数是以年为时间单位，用来分析说明旅游人数在不同年份之间差异的相对量。它是以某个地区在一段年限里，统计某个指标的总量，再除以统计年数，得到的为年限内的平均数。再将每年的数量除以平均数乘以基准点（公式中的基准点为 100%），得到的数越接近基准点，说明发展越稳定。用数学公式可以表示为：

$$Y_v = \frac{N_i}{\frac{1}{n}\sum_{i=1}^{n} N_i} \times 100\%$$

其中，Y_v 的基准点为 100%，用图 6－2 来说明张家界东亚游客不同年度之间的差异性，Y_v 越趋于 100%，说明张家界东亚游客流量变化幅度越小，游客数量稳定。如果偏离 Y_v 越远，变化越大，游客数量越不稳点。在图 6－2 中，东亚入境游客的变化出现三次浮动，但是总体呈增长的势态。2005 年年际变化指数为 188.93%，是前期偏离 100% 最远的点。2006～2007 年，变动基本保持不变，但在 2005 年的基础上略微下降。2008 年金融危机前后，发展一直漂浮不定，在 100% 上下波动，直到 2013 后才持续上升。2015 年为统计中超出最高的点，数值高达 351.86%，超出基准点 251.86%，成为统计中增长最高的状态。2009 年为增长中最大的一个波谷，数值只有 70.45%。2012 年再次出现游客减少的情况，但是近些年东亚入境游客量总体还是呈现飞跃式增长，2014～2015 年增长了 112.11%，成为增长速度最快的一次。东亚入境游客为张家界的旅游业发展做出了重大的贡献，这也促使张家界成为国际旅游城市。

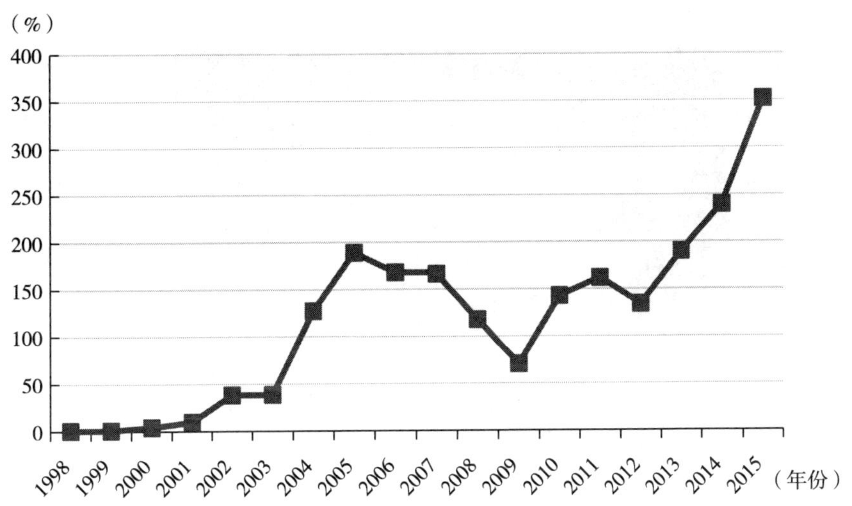

图 6－2　1998～2015 年张家界东亚游客年际变化指数

资料来源：张家界各年统计年鉴。

二、张家界东亚入境客源市场空间演变特征

（一）客源市场空间结构特征

根据张家界各年统计年鉴中统计的数据，我们将入境客源地分为东亚、东南亚、欧美、中国港澳、中国台湾和其他。图 6－3 为张家界市入境游客的组成，东亚入境游客占总入境游客的一半以上；中国台湾游客占入境游客的 20% 以上；欧美的游客量几乎形成了细带，所占比例最少，但也是不可忽略的；中国港澳游客的数量不多，波动幅度也不是十分明显；东南亚游客在 2009 年以后，数量快速增长，也成为张家界入境游客的重要组成。值得一提的是，2005 年，东亚入境游客占张家界所有入境游客的 91.08%，而其他的四类游客一共才占 8.92%。

从图 6－3 中可以看出东亚入境游客是张家界入境游客的最主要部分，所以我们应该稳定现有的东亚客源市场，开拓更多的旅游客源市场，让张家界的旅游业得以可持续发展。

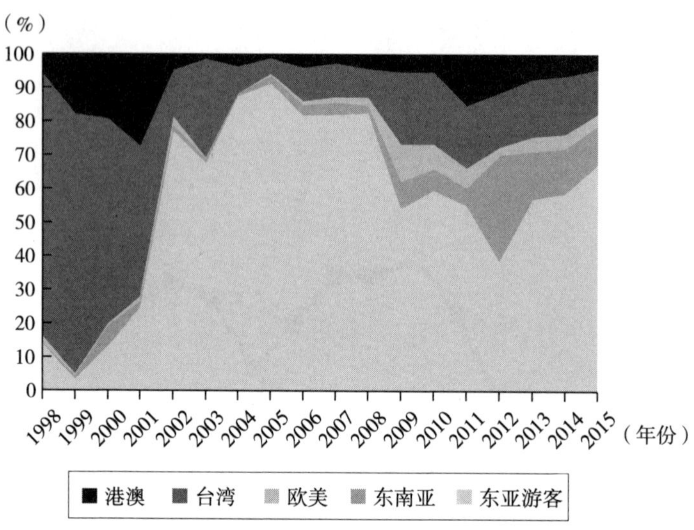

图 6－3 1998～2015 年张家界入境游客的组成

资料来源：张家界各年统计年鉴。

（二）客源市场空间结构集中度分析

入境旅游市场空间结构是指旅游客源地理位置的空间分布，可以用地理集中度公式分析，用 G 来表示空间结构的集中度，表达公式如下：

$$G = 100 \times \sqrt{\sum_{i=1}^{n} \left(\frac{x_i}{T}\right)^2}$$

其中，G 代表张家界入境外国游客客源地的地理集中指数，x_i 为来自第 i 个客源国的游客总数量，T 为入境游客的总数，n 为分析的客源国的总体个数，100 为给定标杆，G 值越接近 100 说明发展越不稳定，客源少且集中，表现的特点为：旅游市场波动性非常大，说明旅游目的地的入境旅游经营越不稳定。G 的数值越小，则表示旅游客源地越分散。如果客源地的游客数量越稳定，G 值为一个理想值（$G = 100 \times \sqrt{\frac{1}{n}}$）。根据 2016 年的《张家界统计年鉴》中的 6 个主要客源地，所以 G 的最优值为 40.83。图 6－4 为张家界 1998～2015 年地理集中指数变化。

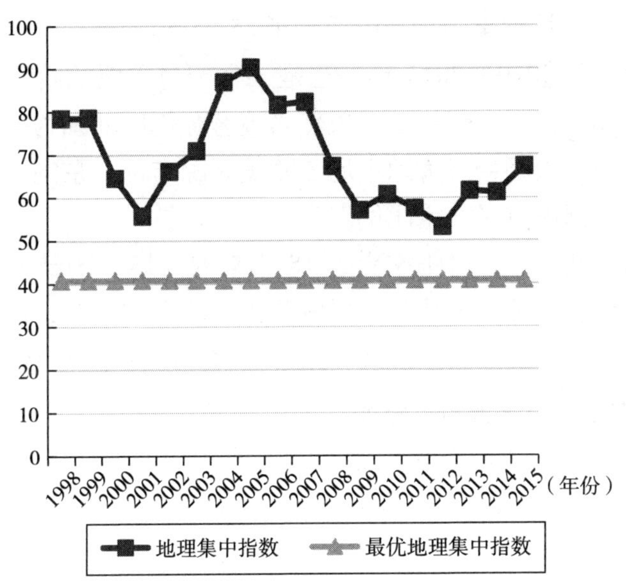

图 6－4　1998～2015 年地理集中指数与最优地理集中指数变化

资料来源：张家界各年统计年鉴。

1998～2015 年张家界的入境旅游客源地集中度变化情况可以看出：第一阶段为 1998～2001 年。1998 年以后，张家界的基础设施较以前更加完善，可进入性大大提高，增加了更多的旅游景点，同时政府有计划、有重点地加强了国际的宣传力度，重点对东亚客源国等目标客源市场进行开拓。2001 年最主要的 3 个客源地分别是韩国、中国台湾、中国香港，打破了 2001 年以前以中国台湾为主体的客源市场，张家界的客源开始呈现多元化、稳定化的特征。

第二阶段为 2002～2005 年。韩国游客出现了“张家界热”，大量的韩国游客来到张家界观光游览。韩国游客占总数的 90% 以上，但其他客源市场出现了下降的局面，尤其是中国台湾客源所占比例急剧下降。虽然在韩国客源市场上取得了很好的成效，但是其他客源市场的影响力很小，这导致张家界入境客源市场变得单一，客源市场变得不稳定。

第三阶段为 2006～2009 年。这一阶段地理集中指数趋向于稳定，这是由于东南亚客源市场和欧美客源市场的崛起，中国台湾客源市场的回升以及韩国客源市场的锐减，让客源市场的结构更加多元化。仅仅是2007～2009年，地理集中指数就稳定了25个点。

第四阶段为2010～2015年。这是一个相对平缓的阶段，地理集中指数上下浮动，相对比较稳定。虽然入境客源仍以韩国为主，但是中国港澳客源市场、中国台湾客源市场、欧美客源市场、东南亚客源市场和日本客源市场都占有了一定比例。

从空间角度出发，对张家界近18年来的入境市场动态差异进行了分析，得出东亚客源市场是张家界发展入境旅游的主体，但是也应该拓展其他客源市场实现可持续发展，以达到客源市场稳定的目的。

（三）东亚入境客源组成特征

进入21世纪以来，随着张家界入境旅游市场中东亚旅游人数所占比例的不断增大，传统的以中国台湾客源为主导的格局正在逐步发生改变。在2002年后韩国市场就取代了一直占据首位的台湾市场，成为张家界入境市场的重要组成部分。因此，对张家界东亚入境客源市场时空分异规律的研究，选取1995～2015年的数据作为分析样本。

从表6－1数据可以看出，张家界东亚入境游客在境外游客中所占的权重很大。尤其是在2001年之后，有了一个飞跃性的跨越，这跟张家界当时交通的发展和各种营销措施的开展有密切的关系。特别是在2004～2007年达到一个高峰期，平均占全部入境游客的85.25%。但在2008年金融危机后，开始呈现下滑的趋势，其中2012年占比最少，只有38.59%，这和张家界旅游市场产品单一以及旅行社出现的多种不良现象有很大的原因。

表6－1　1998～2015年张家界东亚游客结构　　单位：人次

年份	境外游客	东亚游客	韩国	日本	东亚游客百分比(%)
1998	30354	4206	116	4090	13.86
1999	15154	5125	1399	3726	33.82
2000	201932	26177	5741	20436	12.96
2001	253900	60382	58723	1659	23.78
2002	309810	238259	194886	43373	76.90

续表

年份	境外游客	东亚游客	韩国	日本	东亚游客百分比（%）
2003	357336	239989	230698	9291	67.16
2004	903278	790013	780757	9256	87.46
2005	1287857	1172969	1160751	12218	91.08
2006	1274711	1042763	1030015	12748	81.80
2007	1259000	1032758	1025833	6925	82.03
2008	1058500	731755	706457	25298	69.13
2009	805800	437400	408800	28600	54.28
2010	1488300	887400	828800	58600	59.63
2011	1823800	1004992	940838	64154	55.10
2012	2158100	832702	819254	13448	38.59
2013	2065800	1179779	1174201	5578	57.11
2014	2601700	1488742	1481639	7103	57.22
2015	3341900	2184568	2168821	15747	65.37

资料来源：张家界各年统计年鉴。

张家界东亚入境旅游市场由韩国和日本组成，从表 6－1 数据得出韩国占东亚旅游市场的主导地位。2001～2007 年韩国游客呈“井喷式”增长，张家界旅游业的“韩流”现象到来为张家界市创造了大量的外汇收入。2007 年后，韩国游客“张家界热”有所消退；2009 年来张家界的韩国游客仅 408800 人次，这是自 2003 年后的一个最低值；2012 年后赴张家界旅游的韩国人数有所回升，并逐年呈缓慢增加的趋势；2015 年接待韩国游客 2168821 人次，达到历史最高值。1998～2015 年日本游客整体波动幅度很大，其中以 2001 年的 1659 人次为最低值，但次年又接待了 43373 人次，游客数量极为不稳定；2011 年，接待日本游客 64154 人次，为历史最高值；之后几年又呈现出下降期，2015 年较之又有所回升，总体发展趋势很不明朗。

总的来说，分析客源市场结构组成特征有利于进行市场细分，具体问题具体分析并从问题中寻找相应的对策。根据上述数据分析，张家界的韩国市场基本处于成熟期，而日本市场还处于成长期。一方面，我们应该稳固现有的韩国客源；另一方面，应该更积极深入地开拓更多的日本市场。

三、 张家界东亚入境客源市场规律总结

根据《张家界统计年鉴》1998～2015 年的数据统计分析研究，得出以下几个规律：

第一，东亚是张家界最主要的境外客源市场。从 2002 年开始，东亚游客就占据了总入境游客的 50% 以上，特别是 2005 年，东亚游客占全年入境游客的 91%。虽然在 2012 年出现了 38% 的低谷，但在 2013 年后占有比例回升到了 57%。而且这个低谷出现的主要原因不是因为东亚游客人数下降，而是东南亚游客出现了大幅度增长，才使东亚游客占有率降低，但是并不影响东亚游客“独占鳌头”的局面。

第二，张家界东亚入境客源市场的地理集中度偏高。1998～2015 年，张家界客源集中度指数一直高于最优集中度指数，在 2005 年地理集中度高达 90.3%，说明了张家界客源市场比较单一，入境游客容易出现大幅度的波动。虽然从 2005 年开始，由于东南亚游客和欧美游客的增长，缓和了集中指数的增长，但是还是超过最优指数 20%～30%。这种形式非常不利于张家界入境旅游市场稳定可持续发展。

第三，张家界东亚入境客源出现两种格局。在东亚入境客源市场的两个国家中，一个是游客量庞大的韩国，另一个是游客量很少的日本。韩国游客逐年增长，引导着张家界入境旅游的发展方向。日本游客虽然在 2011 年出现过 6.4 万人次的高峰，但是其他时候都是不温不火，在 2 万人次左右徘徊，总量都不及韩国游客的零头。

第三节 张家界东亚入境客源市场可持续发展对策

一、 增强旅游企业的推动作用

1. 对东亚客源开发新型旅游产品

旅游业是由行、住、吃、游、购、娱六大要素组成的综合性行业，

现代旅游的人们不再只是单纯为了欣赏自然风光，更注重追求自然与文化的回归。在国外，旅游者更喜欢丰富多变的旅游体验，而不是一味走马观花的纯观光旅游。分管张家界旅游工作的副市长欧阳斌曾谈到，张家界的户外休闲产品丰富、潜力巨大，目前推出的 12 条精品线路，深受广大户外运动爱好者的青睐。2014 年，张家界举办了天门山翼装飞行、中韩高尔夫明星赛、网络大伽户外挑战及自行车山地越野等户外休闲活动，使“户外天堂张家界”的称号开始在业界打响，这无疑有利于张家界旅游向“观光及休闲度假复合型”转型发展，带动慕名而来的东亚客源。据统计，来张家界旅游的东亚客源以中老年者居多，旅行社应该对这些中老年人进行市场需求定位，研发他们热衷于接受的旅游产品。重视东亚客源中的女性市场，进行需求定位，同时也应该兼顾东亚客源国其他年龄阶段的旅游者，研发针对不同人群的旅游产品，带动他们来张家界旅游。基于大多数日韩游客的家庭观念很强，我们应多开发设计一些可选择的、适合家庭旅游的新型复合式灵活旅游。

2. 优化东亚旅游战略，实现可持续发展

旅游产品生命周期一共可以划分为导入期、成长期、成熟期与衰退期四个阶段。根据旅游产品生命周期来看，针对韩国客人的相关旅游产品已经由成熟期向衰退期过渡，急需出现新的旅游产品来继续满足市场需求。而对日本游客研发的旅游产品正处于成长期过渡到成熟期，市场潜力很大。因此，张家界在发展东亚旅游战略上，一方面要大力加快对外研发针对日本的旅游产品，另一方面，应该继续稳定现有的韩国旅游市场、研发针对韩国市场的新型旅游产品。

3. 加强区域合作，打造特色旅游品牌

张家界市应长远考虑到针对东亚客源的区域旅游的网络开发以及不同形式、不同层次的旅游景区协作，打造特色旅游品牌。根据现代旅游市场需求，张家界可以结合长株潭、大湘西、大湘南的不同旅游功能，提升现有的旅游线路质量，开创新颖的精品旅游线路，联合打造“湖南奇山秀水、伟人故居、别样民俗风情”旅游品牌，形成一条龙的旅游模式。一方面，可以借助发达地区的交通优势提供旅游方便，为张家界输入更多的游客；另一方面，联合打造的特色旅游品牌可以优势互补，提高知名度，满足不同人群的需求和丰富旅游内涵，这为拓展东亚旅游客源中中老年人以外的其他人群大有帮助。

二、 提高从业人员的服务质量

据研究分析，来张家界的东亚游客除了对景区旅游设施设备较为关注外，还很看重旅游服务质量。相关抽样调查显示，东亚游客对张家界的整体导游服务和当地居民友好度的满意度较低。因此，一方面要提高旅游从业人员和当地居民的素质，制定相关行为规范，加强对司机、导游及景区工作人员等一线人员的培训；另一方面对从业人员的服务质量进行奖罚制度。凡是被游客举报服务质量有问题的从业人员一经核实，按有关情节进行罚款批评，秉承不让一个游客受委屈的原则，使所有游客都能感到满意。针对东亚游客集中在中老年这一年龄段的现状，应倡导多提供特色服务、细节服务、个性化服务和超常服务，并对此制定相应的奖励制度。

三、 发挥政府和相关部门的引导作用

1. 加大宣传力度，巩固东亚旅游市场

第一，提高宣传水平，提升张家界知名度。张家界市旅游局应进一步加强与韩国、日本国家旅游局、旅游协会的交流。除了继续宣传张家界举世闻名的自然风光之外，还应把张家界少数民族本土特色以及人文风情宣传出去。除此之外，还可以向国外旅游局宣传张家界新建的世界最高、跨度最长的大峡谷玻璃桥，宣传改进的以及新建的旅游设施设备，积极维护张家界旅游城市形象。第二，加大旅游营销力度，注重营销方式创新。摄制系列主题的旅游宣传短视频并通过国际视频网站进行广泛传播。第三，体现特色，实现错位发展。在一些特定节日或旅游淡季开展旅游促销活动，比如张家界国际森林保护节这一天可以五折门票优惠，而张家界国际森林保护节也正以其丰富的文化内涵吸引着越来越多的国际组织和境内外媒体的关注，正好可以借此对张家界进行二次宣传。第四，加强合作，推进共同发展。举办张家界国际森林保护节，密切境内外旅游业界业务对接以及邀请境外媒体、旅行商来张家界市踩线洽谈等。

2. 进一步完善旅游基础设施

“交通”问题是张家界旅游开发者的共识，虽然经过多年的发展，张家界的交通早已改头换面。但目前，连接张家界的高铁要等、高速不够，飞机航线航班不够，拓展空中交通优势这将对张家界入境旅游人数有一个质的飞跃。2014 年，张家界开通了至韩国釜山等航线，进一步带动了来张家界旅游的韩国客源。面对当今严峻的旅游形势，张家界于 2013 年第四季度，开始强力、高效推进“旅游提质转型”。但是，具体到各单位各景点里的各项设施还有待提升和完善，景区破旧代换的指示牌，公共设施环境卫生问题以及景区内交通安全等具体问题都有待继续落实完善。

3. 相关部门对入境旅游经营进行整顿和规范

第一，对于不合理的旅游低价产品进行下架处理。张家界市旅游管理行政部门要对低团费、零团费甚至负团费经营的旅行社进行罚款或吊销其营业资格，规范各旅行社的入境经营。第二，工商、公安、纪检部门要严惩造成恶劣影响的购物店，维护消费者权益。第三，有关部门要严肃处理缺乏职业道德素质的旅游从业人员，保障旅游者的基本利益。第四，张家界旅游管理行政部门应明确各旅行社合法经营范畴，对超出合法经营范围的旅行社进行严格处罚。

第七章 张家界东南亚入境客源市场时空分异规律研究

第一节 张家界市东南亚入境旅游客源市场概况

东南亚入境旅游客源市场经历了近三十年的发展，入境旅游人数明显上升，占入境旅游人数的比重明显增加，东南亚入境旅游客源市场逐渐成为张家界市入境旅游客源市场的重要组成部分。在研究过程中所使用数据源自 1989 ~ 2015 年张家界市统计年鉴及各年份的统计公报。

东南亚入境旅游人数整体上处于上升的状态，从 1989 年的 174 人次发展到了 2015 年的 375549 人次，增加了约 2157.33 倍，实现了跳跃式的发展。从图 7 - 1 可以看出，1989 ~ 2008 年这阶段旅游人数的增长速度缓慢，入境旅游人数变化不明显。2008 ~ 2015 年，东南亚入境旅游人数增幅明显，旅游人数明显增加，其中在 2012 年，东南亚入境旅游人数出现了一个小高潮，人数达到了 68 万人次左右；入境旅游人数占当年入境旅游人数的比重整体上处于波动上升的趋势，和入境旅游人数的发展过程相同。在 1989 ~ 2008 年，入境旅游人数占当年境外游客人数的比重处于缓慢上升的阶段，2008 ~ 2015 年所占比重明显上升，由于 2012 年入境旅游人数的明显增长，所占比重也在 2012 年达到了 31.52%。

受张家界市旅游资源的特性和张家界市政府联合景区等做出的一系列推介和宣传促销活动等因素的影响，东南亚入境旅游人数和占当年境外客人旅游人数的比重的明显上升，东南亚入境旅游客源市场成为张家界市发展入境旅游市场不可或缺的一部分。发展和拓展东南亚入境旅游客源市场有利于张家界市实现提质升级战略，对张家界市加快旅游国际化进程，在“锦绣潇湘”全域旅游基地建设中发挥龙头作用，具有重要意义。

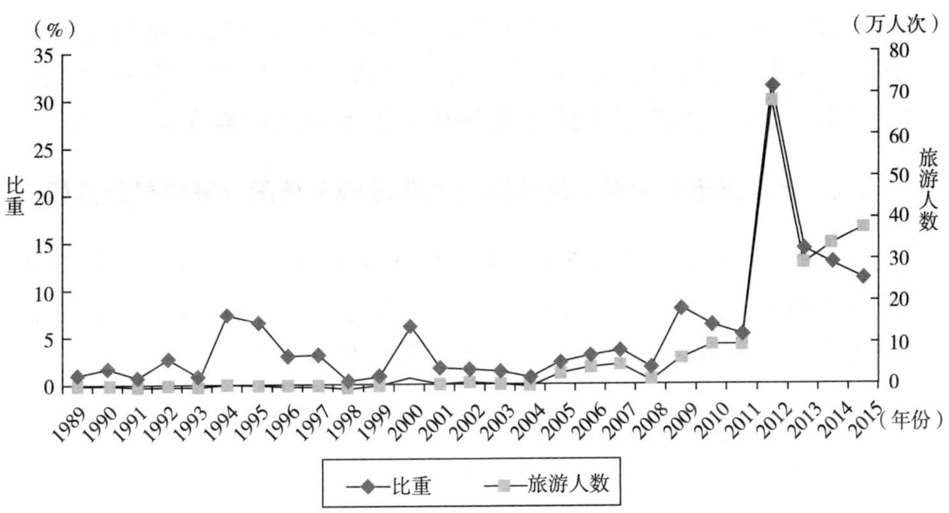

图 7－1　1989～2015 年东南亚入境旅游人数与所占当年入境旅游人数比重变化

第二节　张家界市东南亚入境旅游客源市场亲景度分析

一、 亲景度

亲景度最早是马耀峰教授在 1999 年《中国入境旅游研究》中提出的，它是探讨某一客源地旅游者对某一旅游目的地偏爱程度的一种定量客源市场分析方法，是指某旅游客源地区在某旅游目的地的市场占有率与该客源地区在全国市场占有率的比值。用公式表示为：

$$P_i = \frac{E_i}{E} \bigg/ \frac{F_i}{F} \qquad (7-1)$$

其中，P_i 为 i 客源市场亲景度；E_i 为旅景 i 客源市场人数；E 为旅景外国人人数；F_i 为旅华 i 客源市场人数；F 为旅华外国人人数。亲景度深刻地反映了客源市场结构的变化，一般以 1 为界，大于或等于 1 的客源国为亲景客源国；小于 1 的为疏景客源国；等于 0 则表示非客源国。亲（疏）景度还可以根据 P_i 的大小进一步划分，可以将客源市场细分为：

当 $2 \leqslant P_i < +\infty$ 为强亲景客源市场；$1 \leqslant P_i < 2$ 为弱亲景客源市场；$0.5 \leqslant P_i < 1$ 为弱疏景客源市场；$0 \leqslant P_i < 0.5$ 为强疏景客源市场。根据《中国旅游统计年鉴》《湖南统计年鉴》《张家界统计年鉴》等相关资料，对张家界市东南亚入境旅游客源市场 1989 ~ 2015 年进行亲景度的计算。

二、 张家界市东南亚入境旅游客源市场的亲景度计算结果及分析

从表 7 - 1 亲景度计算结果来看，1989 ~ 2015 年，东南亚入境旅游客源市场的亲景度值处于波动的状态，亲景客源市场占据多数。东南亚亲景度最小值为 2004 年的 0. 043，最大值为 1994 年的 3. 317。

表 7 - 1　1989 ~ 2015 年张家界东南亚入境旅游客源市场亲景度

年份	东南亚	年份	东南亚
1989	1. 501	2003	0. 126
1990	1. 154	2004	0. 043
1991	0. 795	2005	0. 158
1992	2. 779	2006	0. 223
1993	2. 417	2007	0. 272
1994	3. 317	2008	0. 140
1995	2. 133	2009	0. 651
1996	0. 940	2010	0. 531
1997	1. 131	2011	0. 488
1998	0. 115	2012	2. 632
1999	1. 112	2013	1. 123
2000	1. 837	2014	1. 047
2001	0. 337	2015	0. 845
13 年平均	1. 505	14 年平均	0. 600
2002	0. 118	总平均	1. 036

东南亚入境旅游客源市场的亲景度 27 年的总平均值为 1. 036，大于

1 小于 2，为弱亲景客源市场。

把 1989 ~ 2015 年划分为两个阶段：第一阶段为 1989 ~ 2001 年，计算出 13 年的亲景度的平均值。东南亚的亲景度为 1. 505，属于弱亲景客源市场。第二阶段为 2002 ~ 2015 年，计算出 14 年的亲景度的平均值。东南亚的亲景度值为 0. 60，属于弱疏景客源市场。东南亚入境旅游客源市场经历了从弱亲景客源市场到弱疏景客源市场的转变。

第三节　张家界市东南亚入境旅游客源市场竞争态模型及结果分析

一、 竞争态模型

旅游市场竞争态是指旅游目的地各客源市场在市场占有率（A_i）和市场增长率（B_i）两个指标作用下，所表现出的状态特征，记为 Ω_i（A_i, B_i）。其中：

$$A_i = \frac{X_i}{\sum_{i=1}^{n} X_i} \times 100\% \qquad (7-2)$$

$$B_i = \frac{X_i - X_{i-1}}{X_{i-1}} \times 100\% \qquad (7-3)$$

其中，X_i 为景区 i 客源市场 i 年的游客数量；$\sum_{i=1}^{n} X_i$ 为 i 年景区国内游客数量总和；X_{i-1}为 i 客源市场来景区上年的游客数量。

在旅游市场分析中，市场占有率 A_i 反映了在激烈的市场竞争中所占据的地位和实力，即“蛋糕”分割中所占的份额；市场增长率 B_i 反映的是激烈市场竞争中所表现出来的发展潜力，即当年较上年增长率。两者构成了市场分析和预测中的核心变量。给定一对合适的划分标准（a, b），依据各分市场占有率和增长率，可以将区域旅游市场划分为明星市场、金牛市场、幼童市场和瘦狗市场 4 种类型，它们分别处于由占有率和增长率所圈定的 4 个象限内（见图 1－1）。

同时以市场占有率的平均值确定 a，以市场增长率的平均值确定 b。

各类市场划分依据、基本特征及战略抉择如表 1 - 1 所示。

二、 张家界市东南亚入境旅游客源市场的竞争态结果及分析

根据表 7 - 2 中 1989 ~ 2015 年张家界市入境旅游的相关数据，计算出 $a = 17.31\%$，$b = 113.95\%$，结合 1989 ~ 2015 年东南亚入境旅游客源市场每年的市场占有率和市场增长率得出该市场各个年度的竞争态势所处的区域，分析东南亚入境旅游客源市场竞争态的年际变化情况。

表 7 - 2　　张家界东南亚入境旅游客源市场竞争态情况

年份	东南亚		年份	东南亚	
	A_i	B_i		A_i	B_i
1989	1.03	—	2003	1.36	-3.16
1990	1.75	5.17	2004	0.62	15.10
1991	0.53	-25.14	2005	2.40	454.62
1992	2.70	551.09	2006	3.00	23.57
1993	1.03	-61.10	2007	3.55	16.87
1994	7.45	148.41	2008	1.90	-55.00
1995	6.64	14.50	2009	8.07	223.69
1996	3.12	-29.48	2010	6.39	46.08
1997	3.22	-1.58	2011	5.27	1.16
1998	0.30	-86.72	2012	31.52	607.11
1999	0.95	1489.01	2013	14.27	-56.66
2000	6.14	757.81	2014	12.98	14.52
2001	1.65	-66.15	2015	11.24	11.25
2002	1.62	19.22			

从图 7 - 2 中可以看出，东南亚入境旅游客源市场竞争态势的结果如下：瘦狗市场→幼童市场→瘦狗市场→幼童市场→瘦狗市场→幼童市场→瘦狗市场→明星市场→瘦狗市场。仅 2012 年跃为明星市场，其他年份呈现瘦狗市场和幼童市场交替。在竞争态格局中，瘦狗市场占 19

年，幼童市场占6年，明星市场占1年，竞争态势图中处于劣势低位。

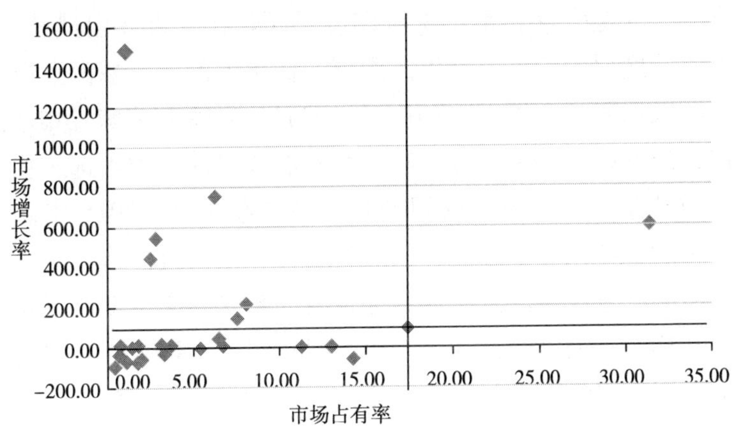

图7－2　东南亚入境旅游客源市场年度竞争态势转移情况

第四节　东南亚入境旅游客源市场亲景度和竞争态结果比较

亲景度反映的是入境旅游客源地游客对某旅游目的地的偏好程度，东南亚入境旅游客源市场每年的亲景度分布得出东南亚入境旅游客源市场基本处于亲景客源市场。亲景度的总体平均值也显示东南亚入境旅游客源市场是张家界市的亲景客源市场。在划阶段的亲景度的分析中，东南亚入境旅游客源市场经历了从弱亲客源市场到弱疏景客源市场的转变。从亲景度计算结果分析上来看，东南亚市场的亲景度呈现波动状态，亲景客源市场占据多数，对张家界市的偏好程度较好。

东南亚入境旅游客源市场的对张家界市的偏好程度离不开张家界市旅游资源的独特性、张家界市政府联合武陵源相关部门及众多景区企业还远赴“新马泰”推介、积极改善与东南亚的交通基础设施等因素的影响。2011年，泰国成为张家界第二大旅游客源输入国，东南亚地区成为张家界市2011年境外客源拓展的主要方向之一。2012年，张家界开通首条东南亚航线，实现张家界直飞泰国曼谷，让泰国游客来张家界的路程更为便捷。2013 年，武陵源区人民政府牵头组织的旅游促销团在印度尼西亚、马来西亚、泰国成功举行了“潘多拉太远．张家界很近”旅游产品推介会，这是张家界第一次到印度尼西亚推介世界自然遗产风光，更加拉近了印度尼西亚与张家界的距离，让更多的印度尼西亚国民知道了张家界，以后出游会更加主动选择张家界。2014 年张家界市政府率旅游促销团远赴泰国、马来西亚、新加坡开展以“潘多拉太远·张家界很近”为主题的东南亚客源市场回访和旅游产品推介。2015 年武陵源区人民政府第四次在东南亚地区进行旅游宣传，对推进入境游市场持续升温具有积极的促进作用，东南亚地区也成为张家界最主要的入境旅游客源市场。2016 年“冬游张家界，嗨动全世界”冬季旅游系列活动全面启动之后，张家界市副市长欧阳斌率团赴印度尼西亚、马来西亚、泰国开展为期 10 天的旅游宣传促销，掀起了新一轮的东南亚入张家界市旅游的高潮。2017 年据人民日报海外版报道，张家界成为泰国国民来华旅游的首选目的地。

竞争态模型说明的是该市场在旅游目的地同类市场中的地位，具体来说，就是张家界市入境旅游客源市场之间的比较。东南亚入境旅游客源市场从竞争态分析来看，出现瘦狗市场和幼童市场的交替，且瘦狗市场占据多数，在竞争态格局中东南亚入境旅游客源市场处于劣势地位。

东南亚入境旅游客源市场的亲景度和竞争态模型的结果有些不同，分析原因，亲景度反映的是该客源市场与某一个旅游目的地之间的关系，而竞争态反映的是该客源市场与某一个旅游目的地同类市场之间的关系，也就是该客源市场占据了某一旅游目的地的市场份额的大小问题。结合张家界市 1989～2015 年张家界市入境旅游的相关数据，发现韩国客人从 2001 年开始一直占据了张家界市入境旅游人数的很高比例，因此韩国入境旅游客源市场的亲景度也较高，从 2001 年开始一直是张家界市亲景度最大的国家，对张家界市的偏好程度最高；韩国客源市场的竞争态中的市场占有率指标也是一直处于上升状态，从 2001 年 23.13%，上升到 2015 年的 64.90%，其中市场占有率在 2004 年、2005 年、2006 年、2007 年分别高达 86.44%、90.13%、80.80%、81.48%。这说明张家界市的入境旅游客源市场以韩国客源市场为主体，也说明张家界市入境旅游客源市场集中程度非常高。由于韩国客源占据了张家界入境旅游客源的大部分份额，东南亚的市场占有率受到影响，每年的市场占有率一直低于市场占有率的总平均值（2012 年除外），市场竞争态瘦狗市场和幼童市场占据了多数，竞争态格局不景气。

第五节　东南亚入境旅游客源市场可持续发展的建议

根据亲景度得出的结论是东南亚入境旅游客源市场虽然有所波动，但是对张家界市的偏爱程度较好，张家界市成为东南亚游客旅游重要的旅游目的地选择。根据市场竞争态模型可以得出，张家界市入境旅游市场过于集中，东南亚入境旅游客源市场竞争态格局中处于不利地位，按照四种竞争态的战略方向，张家界市对东南亚入境旅游客源市场应该是撤退性战略，但由于张家界市入境旅游市场非常集中会给入境旅游市场带来更多不稳定性因素，对入境旅游客源市场的可持续发展产生不利影响，且东南亚入境旅游客源市场的亲景度整体虽然有所波动，但呈现上升趋势，市场在不断的发展壮大，市场成长性和发展前景较好。因此，建议张家界市对东南亚入境旅游客源市场采取以下措施。

一、完善旅游基础设施，加强双方交流

交通是张家界旅游发展面临的问题。2012 年，张家界开通首条东南亚航线，航线的开通便利了泰国客人出游张家界，2016 年，印度尼西亚雅加达至张家界国际包机航线开通，张家界至雅加达国际包机航班通航，一是实现了张家界直飞印度尼西亚雅加达，使张家界有了首条通往雅加达的航线，二是可实现从张家界直接组团前往印度尼西亚旅游，打开了张家界、雅加达两地往来的便捷通道。但遗憾的是，马来西亚、新加坡、菲律宾等地航线尚未开通。因此张家界市政府应加快开通马来西亚、新加坡等地航线的步伐，以方便更多的东南亚游客来张家界旅游。这些航线的开通将进一步加强张家界与东南亚的旅游交流和经贸文化往来，提高张家界的国际知名度及旅游国际化水平，有利于实现交通一体化，构建安全、舒适、快捷的综合交通体系，建立起旅游交通枢纽体系，为东南亚入境旅游客源市场的开拓提供支撑和保障，加强张家界市与东南亚市场的交流。

二、加大宣传力度，巩固既定的旅游市场

提高宣传水平和宣传力度，提升张家界知名度，进一步巩固和扩大旅游市场。张家界市旅游局及景区企业应进一步加强在东南亚的宣传推介，做好市场回访工作。除了继续宣传张家界举世闻名的自然风光之外，还应把张家界少数民族本土特色以及人文风情宣传出去。在开展宣传营销时，注意旅游营销力度，注重营销方式创新，综合运用多种渠道，线上宣传与线下活动相呼应；制系列主题旅游宣传短视频并通过国际视频网站进行广泛传播，营销话题；积极参加国家旅游局或自己组团赴境外宣传营销，密切与东南亚境内外旅游业界业务对接；邀请东南亚的境外媒体、旅行商来张家界市踩线洽谈等。

三、提高从业人员素质，提升对客服务质量

东南亚与张家界有地缘优势，且东南亚华人较多，华人由于有着对中华传统文化喜爱，这会刺激更多东南亚的华人来张家界市旅游。例如，印度尼西亚人口 2.5 亿人，华人比例达 5%，超过 1000 万人，大多来自中国南方福建、海南、广东等地。因此，张家界市旅游从业人员，要学习了解东南亚华人游客的心理及其风俗习惯，熟悉闽南话、粤语等方言，并熟悉张家界市概况，土家族、苗族历史及风土人情，民间工艺等，做好张家界市及东南亚市场的宣传推广大使工作。除此之外，还要注意东南亚的除华人外的游客，培养出一批英语能力较强的人员，提升服务水平，促进旅游业的发展。同时，提高旅游从业人员和当地居民的素质，制定相关行为规范，加强对司机、景区工作人员以及导游等一线人员的培训，对从业人员的服务质量进行奖罚政策。

四、优化旅游产品和旅游线路，合理布局东南亚旅游市场

旅游产品生命周期是指一个旅游产品从开发出来投放市场到最后被淘汰退出市场的整个过程，旅游产品生命周期可以划分为导入期、成长期、成熟期、衰退期等阶段。根据旅游产品生命周期来看，由于印度尼西亚、马来西亚、菲律宾、泰国、新加坡、泰国是最早来张家界市旅游的东南亚国家，针对这些国家的旅游产品和旅游线路也慢慢成型，在发

展既定的产品和线路的同时，张家界市要针对这些国家的特点，推出新的旅游产品来继续满足市场需求。一方面用来提高这些国家游客的重游意愿和重游率；另一方面用来吸引更多的东南亚游客来张家界市旅游，打开新的东南亚客源市场。

五、加强区域合作，打造特色旅游品牌

张家界市政府联合众多景区企业远赴东南亚进行旅游推介活动，也是在进行区域合作，打造特色旅游品牌。在今后的发展过程中，张家界市还应长远考虑到针对客源的区域旅游的网络开发以及不同形式、不同层次的旅游景区协作，打造特色旅游品牌。根据现代旅游市场需求，张家界可以结合长株潭、大湘西、大湘南的不同旅游功能，提升现有的旅游线路质量，开创新颖的精品旅游线路，联合打造“湖南奇山秀水、伟人故居、别样民俗风情”旅游品牌，形成一条龙的旅游模式。这样一来，一方面可以借助发达地区的交通优势提供旅游方便，为张家界输入更多的游客；另一方面，联合打造的特色旅游品牌可以优势互补，提高知名度，满足不同人群的需求和丰富旅游内涵，这为拓展东南亚入境旅游客源市场有很大的帮助。

第八章 张家界欧美入境旅游客源市场时空分异规律研究

第一节 张家界欧美入境旅游客源市场概况

欧美入境旅游客源市场研究所使用数据均来自 1989 ~ 2016 年张家界统计年鉴及各年份的统计公报。

欧美入境旅游客源市场整体呈现平稳发展并有所上升趋势，入境旅游人数和占入境旅游人数的比重呈现波动上升状态。欧美入境旅游客源市场只占据了张家界入境旅游客源市场的一小部分，欧美入境旅游客源市场急需要开发和拓展，张家界市欧美入境旅游客源市场发展前景广阔。

欧美入境旅游人数整体上呈现波动上升趋势，1989 年欧美来张家界市旅游的人数为 338 人次，发展到 2015 年旅游人数达 11 万人次，旅游人数增加了约 329. 04 倍。从欧美市场 1989 ~ 2015 年入境旅游人数统计图可以明显看出 1989 ~ 2005 年欧美旅游人数增幅缓慢，变化不明显。2006 ~ 2015 年欧美入境旅游人数大幅度增长，2012 年因受经济危机的影响出现了旅游人数出现下降趋势，2015 年欧美入境旅游人数为近 30 年最高（见图 8 – 1）。

入境旅游人数占当年境外游客人数的比重整体上也呈现出波动上升的趋势，但与入境旅游的发展历程明显不同，从欧美 1989 ~ 2015 年入境旅游人数占当年境外游客人数的比重统计图看出入境旅游人数占当年境外游客人数的比重波动性较大，1989 ~ 2009 年这阶段入境旅游人数占当年境外游客人数的比重出现多次波动，但占比一直不大，2009 年是入境旅游人数占当年境外游客人数比重最大的年份，占入境游客的 11%，2009 年后，占比有所下降。

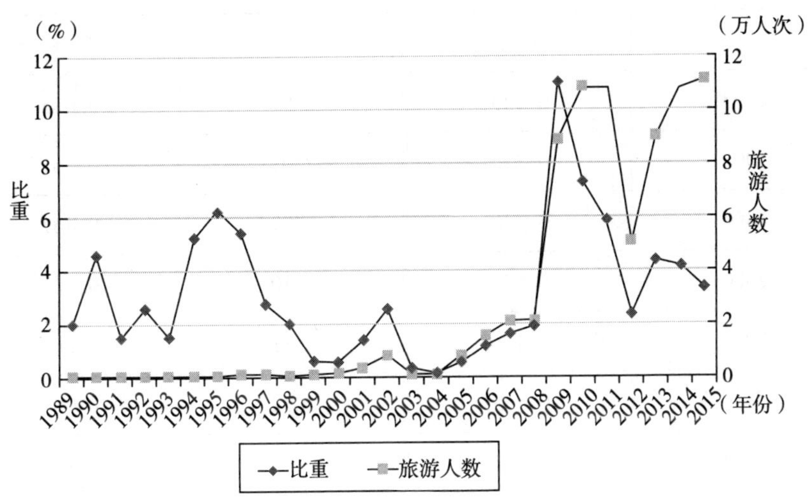

图 8－1　1989～2015 年欧美入境旅游人数与当年入境旅游人数比重变化

第二节　张家界市欧美入境旅游客源市场的亲景度与竞争态比较

一、张家界市欧美入境旅游客源市场亲景度分析

从表 8－1 可以知道，1989～2015 年，欧美入境旅游客源市场的亲景度值处于波动的状态，变化不明显，对张家界市的亲景度一直不高。欧美客源市场的亲景度的最低值为 2004 年的 0.003，最大值为 1990 年的 0.878。呈现低位平稳变化趋势。

表 8－1　　1989～2015 年张家界欧美入境旅游客源市场亲景度

年份	欧美	年份	欧美
1989	0.794	1993	0.827
1990	0.878	1994	0.693
1991	0.546	1995	0.607
1992	0.582	1996	0.776

续表

年份	欧美	年份	欧美
1997	0.445	2007	0.055
1998	0.322	2008	0.061
1999	0.330	2009	0.467
2000	0.077	2010	0.301
2001	0.136	2011	0.266
13 年平均	0.539	2012	0.097
2002	0.097	2013	0.173
2003	0.013	2014	0.166
2004	0.003	2015	0.131
2005	0.018	14 年平均	0.135
2006	0.040	总平均	0.330

欧美入境旅游客源市场的亲景度 27 年总平均值为 0.330 为强疏景客源市场。

把 1989 ~ 2015 年的亲景度划分为两个阶段，第一阶段为 1989 ~ 2001 年，计算出这 13 年的亲景度的平均值，亲景度为 0.539，欧美属于弱疏景客源市场。第二阶段为 2002 ~ 2015 年，计算出这 14 年的亲景度的平均值，亲景度值为 0.135，欧美属于强疏景客源市场。欧美市场由弱疏景客源市场转变为强疏景客源市场，对张家界市的偏好程度略下降。

二、张家界市欧美入境旅游客源市场竞争态结果分析

根据表 8 -2 中 1989 ~2015 年张家界市入境旅游的相关数据，计算出 $a = 17.31\%$，$b = 113.95\%$，结合 1989 ~2015 欧美入境旅游客源市场每年的市场占有率和市场增长率得出该市场各个年度的竞争态势所处的

区域，分析欧美入境旅游客源市场竞争态的年际变化情况。

表 8－2　1989～2015 年张家界欧美入境旅游客源市场竞争态情况

年份	欧美		年份	欧美	
	A_i	B_i		A_i	B_i
1989	2.01	—	2003	0.30	－86.27
1990	4.57	41.42	2004	0.09	－27.93
1991	1.51	－18.41	2005	0.58	859.08
1992	2.60	120.51	2006	1.20	103.96
1993	1.52	－40.47	2007	1.65	35.80
1994	5.24	18.55	2008	1.96	－0.13
1995	6.21	52.06	2009	11.06	329.94
1996	5.42	31.09	2010	7.32	22.20
1997	2.75	－51.65	2011	5.93	－0.83
1998	2.01	4.27	2012	2.35	－52.99
1999	0.61	50.49	2013	4.37	77.63
2000	0.55	21.46	2014	4.17	20.21
2001	1.41	221.88	2015	3.34	2.79
2002	2.55	120.20			

从图 8－2 可以看出，欧美入境旅游市场竞争态势的结果如下：瘦狗市场→幼童市场→瘦狗市场→幼童市场→瘦狗市场→幼童市场→瘦狗市场→幼童市场→瘦狗市场。在瘦狗市场和幼童市场转换，在竞争态格局中瘦狗市场占 21 年，幼童市场占 5 年，市场占有率和增长率出现双底，处于劣势竞争低位。

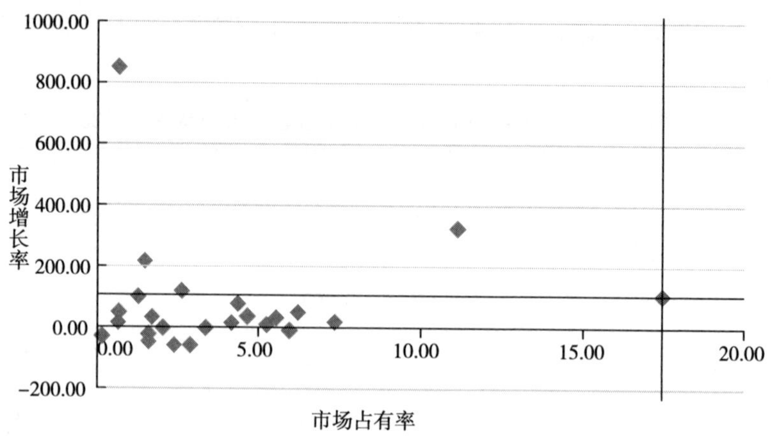

图 8－2　欧美入境旅游客源市场年度竞争态势转移情况

三、 欧美入境旅游客源市场亲景度和竞争态结果比较

亲景度反映的是入境旅游客源地游客对某旅游目的地的偏好程度，反映的是该客源市场与某一个旅游目的地之间的关系，欧美入境旅游客源市场每年的亲景度分布得出欧美入境旅游客源市场对张家界市的偏好程度处于低位波动状态。亲景度的总体平均值也显示欧美入境旅游客源市场是张家界市的强疏景客源市场。在划阶段的亲景度的分析中，欧美入境旅游客源市场经历了弱疏景客源市场向强疏景客源市场的转变，对张家界市的亲景程度下降。从亲景度分析总结发现欧美入境旅游客源市场亲景度不高，也就是对张家界市的偏好程度不高。

竞争态模型说明的是该市场在旅游目的地同类市场中的地位，具体来说，就是张家界市入境旅游客源市场之间的比较，反映的是该客源市场与某一个旅游目的地同类市场之间的关系。欧美入境旅游客源市场从竞争态分析来看，出现瘦狗市场和幼童市场的交替，且瘦狗市场占据多数，出现占有率和增长率双低格局，在竞争态格局中欧美入境旅游客源市场处于劣势地位。

在亲景度和竞争态综合分析中，可以看出欧美入境旅游客源市场对张家界市的偏爱程度不高，欧美市场的占有率和增长率出现双低，欧美入境旅游客源市场也仅占入境旅游客源市场的一小部分，但从张家界市发展入境旅游的可持续发展和打造国际化旅游城市的目标来看，对欧美入境旅游市场不应该实行撤退战略，应该是实施针对性措施，适当开拓欧美入境旅游客源市场。具体原因有：第一，张家界市拥有的旅游资源非常丰富，拥有中国首批世界自然遗产、全球首批世界地质公园、世界"张家界地貌"命名地、中国第一个国家森林公园、国家首批5A级旅游景区、全国文明风景区等众多荣誉，且张家界市是少数民族聚居区，民俗各异，风土民情浓郁。这些为张家界市发展入境旅游，向国际友人展现自然风光和人文风光提供了基础，也为发展欧美入境旅游客源市场提供了内在条件。欧美国家拥有强烈的出游欲望和巨大的消费潜力。2010年，取景于武陵源的美国科幻电影《阿凡达》热播后，更是迅速提升了张家界在美国乃至整个欧美的影响力，张家界市在国外拥有较高的美誉度，这些为发展欧美入境旅游客源市场提供了外在条件。第二，从张家界入境旅游可持续发展来看，根据张家界市1989～2015年张家界市入境旅游的相关数据，发现韩国客人从2001年开始一直占据了张家界市入境旅游人数的很高比例，从2001年开始一直是张家界市亲景度最大的国家，对张家界市的偏好程度最高，体现在韩国客源市场的竞争态中的市场占有率指标一直处于上升状态，从2001年的23.13%上升到2015年的64.90%，其中市场占有率在2004年、2005年、2006年、2007年分别高达86.44%、90.13%、80.80%、81.48%。这说明张家界市的入境旅游客源市场以韩国客源市场为主体，也说明张家界市入境旅游客源市场集中程度非常高。由于韩国客源占据了张家界入境旅游客源的大部分份额，加上旅游业独具的波动性特征，很容易对张家界市入境旅游的可持续发展产生影响。

第三节　欧美入境旅游客源市场可持续发展的建议

一、积极参与中国与欧美地区的系列活动，推广张家界

2011年开始，中国旅游局"文化旅游年"为宣传主题，在欧美地区拉开了旅游年系列活动。例如，2016年2月中美旅游年的正式启动，这次活动以旅游为切入点，推动了美中互惠互利的长期合作关系，能够促进双向旅游。2016年8月"感知中国——湖南文化走进法国"系列

活动的开幕，这次的活动是国务院新闻办公室“感知中国”2016 年系列活动的一部分，旨在加强湖南与法国的文化交流与合作，推介湖南独特文化资源和特色文化产品，让法国民众更好地感受湖南文化的独特魅力。张家界市应积极参与到此类活动中，把这些活动作为推广张家界旅游的良好平台，让张家界为更多的欧美国家游客所知。

二、 利用新媒体等众多媒介， 宣传张家界

由于互联网的发展，手机、电脑等迅速普及，微信、微博等众多平台发展迅速，这些都标志着新媒体时代已经到来，新媒体是基于传统媒体发展起来的，严格来说，新媒体应该称为数字化媒体。新媒体时代的到来是媒介的一大跨步。旅游目的地的宣传必须跟紧时代步伐，利用新媒体结合传统媒体等众多宣传媒介，在营销方式上做到创新，宣传张家界，刺激欧美国家的游客来张家界市旅游。张家界大峡谷玻璃桥的全球征名活动可以说是营销创新成功的例子，张家界大峡谷风景区于 2015 年 12 月 21 日向全球发布了“一字奖一万元”的征名公告。“一石激起千层浪”，瞬间在网络炸开了锅。不到 3 天，张家界大峡谷景区官方微信平台增加了粉丝量达 20 万人，每天超过万余网友注册参与征名。在微信平台参与征名外，国内外许多网友还写信到张家界大峡谷景区，诠释命名的由来，张家界大峡谷玻璃桥瞬间成为全球关注的焦点。此外还可以借助 2010 年度取景于武陵源的美国科幻电影《阿凡达》的电影带来的影响，做出后续宣传促销活动，提升张家界在美国乃至整个欧美的影响力。

三、 加强区域合作， 打造特色张家界

张家界市政府联合众多景区企业可以远赴欧美国家，进行旅游宣传，树立张家界旅游形象，打造特色张家界旅游品牌。在今后的发展过程中，张家界市还应长远考虑到针对客源的区域旅游的网络开发以及不同形式、不同层次的旅游景区协作，打造特色旅游品牌。根据现代旅游市场需求，张家界可以结合长株潭、大湘西、大湘南的不同旅游功能，提升现有的旅游线路质量，开创新颖的精品旅游线路，联合打造“锦绣潇湘”旅游品牌，形成一条龙的旅游模式。一方面，可以

借助发达地区的交通优势提供旅游方便，为张家界输入更多的游客；另一方面，联合打造的特色旅游品牌可以优势互补，提高知名度，满足不同人群的需求和丰富旅游内涵，这为拓展欧美入境旅游客源市场有很大帮助。

参考文献

[1] 保继刚，楚义芳．旅游地理学（第3版）[M]．北京：高等教育出版社，2012.

[2] 邓聚龙．灰色预测与决策模型研究 [M]．武汉：华中工学院出版社，1986.

[3] 方世敏，蒋雪萍．湖南入境旅游客源市场的时空演变规律研究 [J]．湘南学院学报，2015，36（4）：28－34.

[4] 高亚丽，马耀峰．成都入境旅游客源市场时空演变规律研究 [J]．资源开发与市场，2011，27（7）：660－662.

[5] 顾树保．旅游市场学 [M]．天津：南开大学出版社，1985.

[6] 郭兴堃，谭志，姚辉．旅游地商品销售需求预测与评估 [J]．统计与决策，2015（1）：100－103.

[7] 胡华，马耀峰，宋保平．基于旅西日本游客旅游选择行为的西安旅游市场分析 [J]．西安石油大学学报（社会科学版），2008，17（2）：11－15.

[8] 黄银珠，杨建明，陈雅丽．基于灰色模型的福建省入境旅游客源预测 [J]．北京第二外国语学院学报，2009，31（7）：42－47.

[9] 江海旭．1978年以来中国入境旅游时空格局特征研究 [J]．国土与自然资源研究，2014（4）：89－93.

[10] 李创新，马耀峰，贺雅坤．1994～2008年西部入境旅游典型省份客流集散时空动态研究——以陕西、四川、云南为例 [J]．旅游学刊，2011，26（7）：12－19.

[11] 刘水良，吴吉林，田金霞．国内休闲旅游市场需求分析与营销策略——以张家界、凤凰为例 [J]．怀化学院学报，2010，29（5）：82－86.

［12］陆林．试论我国国际旅游业首位客源市场［J］．人文地理，1989（4）：58－63.

［13］麻学锋，何颖怡，孙根年．旅游投资决定机制及其时空响应——以张家界为例［J］．地理科学进展，2014，33（2）：222－231.

［14］麻学锋，刘雨婧．张家界旅游竞争力时空演化及结构协调性与合理性［J］．统计与信息论坛，2015，30（9）：81－88.

［15］任宏伟，张吉献．基于灰色系统理论的河南旅游业发展研究［J］．地域研究与开发，2011，30（3）：89－92.

［16］帅建华，黄冬冬，李新．红色旅游客源市场开发比较研究——以遵义、重庆两地为例［J］．湖南财政经济学院学报，2011，27（4）：53－57.

［17］孙根年．我国6大境外客源市场旅游本底趋势线的建立［J］．系统工程理论与实践，2000，20（1）：140－143.

［18］孙尚清．中国旅游经济研究［M］．北京：人民出版社，1990.

［19］唐新平，刘彬，麻学锋．湘西地区旅游产业成长与新型城镇化耦合协调度时空分异分析［J］．吉首大学学报（社会科学版），2016，37（5）：52－60.

［20］庹冬妮，尹华光．张家界市永定区国内旅游客源市场结构特征分析［J］．吉首大学学报（自然科学版），2008，29（3）：116－121.

［21］吴必虎．区域旅游规划原理［M］．北京：中国旅游出版社，2001.

［22］吴昊．张家界国内旅游客源市场结构与开发对策研究［J］．科技、经济、市场，2009（10）：55－58.

［23］熊鹰，董成森．武陵源风景区旅游客流量时空变化与调控对策［J］．经济地理，2014，34（11）：173－178.

［24］许诺安，颜磊，许学工．张家界国家森林公园客源市场的空间特征与潜力研究［J］．旅游论坛，2009，2（6）：911－916.

［25］严斧，雷凌，蒋江龙．张家界市旅游客流量的时空变化及其影响与对策研究［J］．生态经济（中文版），2004（s1）：208－212.

［26］阎友兵，马朋，李蕊．基于ESDA的国内旅游流规模时空差异分析［J］．湖南文理学院学报（自然科学版），2014（1）：38－44.

[27] 姚小云，罗亚丽．山岳型旅游目的地国内游客消费行为的代际差异研究——以张家界为例［J］．资源开发与市场，2013，29（10）：1094－1097.

[28] 姚小云，周运瑜．张家界韩国旅游市场游客特征及偏好研究［J］．特区经济，2010（3）：154－156.

[29] 姚小云．张家界入境旅游市场时空演替规律研究［J］．地域研究与开发，2010，29（3）：93－96.

[30] 尹华光，邓立中．张家界市境外客源市场分析与对策探讨［J］．吉首大学学报（自然科学版），2005，26（1）：106－109.

[31] 袁正新．张家界市旅游客流量时空变化与影响研究［J］．林业经济，2006（6）：66－70.

[32] 郑向敏，范向丽．论“女性经济”时代的女性旅游市场开发［J］．旅游科学，2007，21（3）：65－71.

[33] 周胜林，孙学强．基于旅游习惯指数模型的旅游流时空分布研究——以山东入境旅游为例［J］．山东工商学院学报，2015，29（6）：57－65.

[34] 朱金林．张家界入境旅游市场风险预警研究［J］．湖南商学院学报，2013，20（4）：77－82.

[35] 朱晓华，杨秀春，蔡运龙．基于灰色系统理论的旅游客源预测模型——以中国入境旅游客源为例［J］．经济地理，2005，25（2）：232－235.

[36] Becken S, Frampton C, Simmons D. Energy Consumption Patterns in the Accommodation Sector the New Zealand Case [J]. Ecological Economics, 2001, 39 (3): 371－386.

[37] Breen H, Bull A, Walo M. A Comparison of Survey Methods to Estimate Visitor Expenditure at a Local Event [J]. Tourism Management, 2001, 22 (5): 473－479.

[38] Heechan L. Determinants of Recreational Boater Expenditures on trips [J]. Tourism Management, 2001, 22 (6): 659－667.

[39] Hui T K, Chiching Y. A Study in the Seasonal Variation of Japanese Tourist Arrivals in Singapore [J]. Tourism Management, 2002, 23

(2): 127 - 131.

[40] Kauppila P, Saarinen J, Leinonen R. Sustainable Tourism Planning and Regional Developm - ent in Peripheries: A Nordic View [J]. Scandinavian Journal of Hospitality and Tourism, 2009, 9 (4): 424 - 435.

[41] Perez E A, Juaneda S C. Tourist expenditure for mass tourism markets [J]. Annals of Tourism Research, 2000, 27 (3): 624 - 637.

[42] Wade D J, Mwasaga B C, Eagles P F J. Ahistory and market analysis of tourism in Tanzania [J]. Tourism Management, 2001, 22 (1): 93 - 101.

[43] White K J. An international travel Demand model US Travel to Western Europe [J]. Annals of Tourism Research, 1985, 12 (4): 529 - 545.